이스라엘

ISRAEL

이스라엘

ISRAEL

제프리 게리, 메리언 르보 지음 | 이정아 옮김

세계의 **풍습과 문화**가
궁금한 이들을 위한
필수 안내서

시그마북스
Sigma Books

세계 문화 여행 _ 이스라엘

발행일 2023년 9월 1일 개정판 1쇄 발행

지은이 제프리 게리, 메리언 르보

옮긴이 이정아

발행인 강학경

발행처 시그마북스

마케팅 정제용

에디터 최연정, 최윤정, 양수진

디자인 김문배, 강경희

등록번호 제10-965호

주소 서울특별시 영등포구 양평로 22길 21 선유도코오롱디지털타워 A402호

전자우편 sigmabooks@spress.co.kr

홈페이지 http://www.sigmabooks.co.kr

전화 (02) 2062-5288~9

팩시밀리 (02) 323-4197

ISBN 979-11-6862-164-0 (04900)

  978-89-8445-911-3 (세트)

이스라엘전도

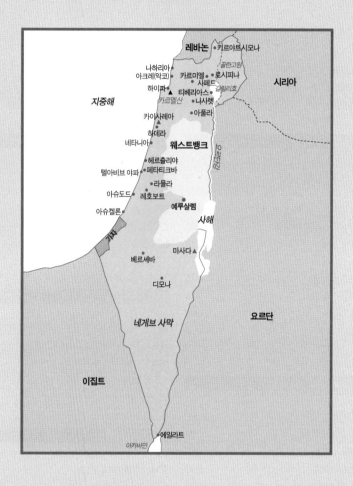

레바논 · 키르야트시모나
골란고원
나하리아 · 카르미엘 · 로시피나
아크레(악코) 사페드
하이파 · 티베리아스 갈릴리호
카르멜산 · 나사렛
시리아

지중해

카이사레아 · 아풀라
하데라
네타니아 · 웨스트뱅크
요르단강
헤르츨리야
텔아비브 야파 · 페타티크바
라믈라
아슈도드 · 레호보트
아슈켈론 · 예루살렘
사해
가자

마사다
베르셰바

디모나

네게브 사막 요르단

이집트

· 에일라트
아카바만

차 례

이 책은 지극히 복잡한 주제를 간결한 안내서로 압축해 여행자들이 틀에 박힌 인상에서 벗어나 이스라엘의 진정한 모습을 발견하게 한다. 역동적이고 다채롭고 역설적인 이스라엘은 성서와 관련이 깊은 나라로 그 역사가 풍부하다. 하지만 그 안에 살고 있는 이들은 대부분 현대적이고 세속적이며 원기 왕성한 유물론자들이다. 외국인 여행자들은 이스라엘이 친숙하게 느껴지다가도 예기치 않은 상황에 많이 부딪히게 될 것이다. 이 책은 조금이라도 그런 문화적 충격을 덜 받고 현지인들에 대한 이해의 폭을 넓혀 여행을 최대한 즐길 수 있도록 배경 지식과 이스라엘 사람들에 대한 정보를 담았다.

관광객, 사업가, 각국 사절, 순례자 등 많은 이들이 이스라엘을 방문하고 다양한 이들이 이주해온다. 이스라엘 사람들은 자신들의 나라와 그 나라가 건국 이후 75년 동안 이뤄낸 만만치 않은 업적을 과시하길 좋아한다. 이스라엘을 다시 찾은 손님이 "이렇게 발전하다니 믿을 수 없어요."라고 말하거나 출장

온 외국인이 "다음에는 가족과 함께 올게요."라고 말하면 그들의 얼굴에 화색이 돈다. 반면 가끔 이스라엘을 찾는 여행객이 불쾌한 일을 겪었을 때는 정말로 속상해한다. 한 해 많게는 400만 명 이상의 관광객이 다녀가는 상황에서는 불가피한 일인데도 말이다. 이스라엘 사람들은 그저 이 나라와 이 나라 사람들을 좋아해주기를 바란다.

그럼 이제 이 책을 읽고 이스라엘 여행을 떠나보도록 하자.

독자들은 제일 먼저 이스라엘의 고대 및 현대 역사와 지리적 위치 그리고 이스라엘 사람들의 정신세계에 영향을 미친 사건들을 접하게 될 것이다. 이스라엘의 민주제도, 풍성한 문화생활, 다양한 음식, 스포츠와 여가활동, 백사장, 그리고 활기찬 도시의 거리가 낯설지 않게 느껴질 것이다. 그러면서 이스라엘이 처한 딜레마도 이해하게 될 것이다.

관광객들은 각계각층의 이스라엘 사람들을 만나게 될 것이다. 그들은 직업이나 사는 곳 또는 성장배경에 따라 교양수준이 높을 수도 있고 그렇지 않을 수도 있다. 하지만 거의 예외 없이 친절하고 잘 도와주며 솔직하고 수완이 좋다. 어떤 이들은 예의 바르고 또 다른 이들은 그렇지 않을 것이다. 한두 사람은 홀로코스트 생존자일지도 모른다. 사실 많은 이들이 홀로코스트 생존자들의 자손일 것이다. 또한 친척이나 전우, 사랑하는 이들이 조국을 지키다가 산화한 이스라엘 전쟁의 기억을 고스란히 간직하고 있을 것이다.

마지막으로, 서로 다른 사회적 환경에서 어떤 일을 접하고 어떻게 행동해야 할지 배운다면 오해를 피하고 진정한 친구를 사귀며 소중한 사업 파트너를 만날 수 있을 것이다. 이스라엘 사람들은 탁월한 여행자들이기에 우리가 이스라엘에서 만났던 이들이 언젠가 우리나라로 여행을 올 수도 있다.

"브루킴 하바임!(환영합니다!)"

공식 명칭	이스라엘	
수도	예루살렘	
주요 도시	텔아비브, 하이파, 베르셰바	다른 도시들: 네타니아, 에일라트, 나사렛, 티베리아스, 아슈도드, 리숀레지온, 페타티크바
인구	약 970만 명(2023년 4월 기준)	유대인: 약 714만 명 아랍인(이슬람교도, 기독교도, 드루즈인, 베두인): 약 204만 명 기타(아랍인이 아닌 기독교도, 다른 종교, 무교): 약 53만 명
면적	2만 2,070km² (대한민국의 0.2배)	
위치	지중해 동부, 가자와 레바논 사이	
지형	해안 평야, 북부 산악 지역, 동부 계곡지대, 남부 네게브 사막 지역	
해안선	278km	
기후	지중해성 기후로 온화하다.	남동부 사막 지역은 덥고 건조하며 겨울에 비가 온다. 해안 평야지대는 습하고, 내륙 산악 지역과 갈릴리 지역은 좀 더 시원하다.
언어	스페인·포르투갈계 유대인의 발음을 구사하는 현대 히브리어. 히브리어 알파벳은 오른쪽에서 왼쪽으로 쓴다.	제2 공식어: 아랍어 그 외에도 여러 다른 언어들이 쓰이며 그중 영어가 가장 많이 쓰인다.
종교	유대교	
소수 종교	이슬람교, 기독교, 드루즈교, 바하이교	
정치체제	단원제 의회가 있는 의원내각제	국가 수반은 대통령. 정부 수반은 총리. 독립된 사법부가 있다.
통화	이스라엘 신 셰켈(NIS)/(100agorot = 1NIS)	
대중매체	3개의 히브리어 TV 채널과 위성 및 케이블 TV가 있다. 여러 다른 라디오 방송도 있다.	히브리어 5대 일간지와 영자지를 포함한 11개의 다른 언어 일간지가 있다. 전 세계 간행물도 널리 이용할 수 있다.
전압	220볼트, 50헤르츠	핀 3개짜리 플러그를 쓴다.

인터넷 도메인	.il
비디오/DVD	PAL 시스템
전화	이스라엘 국가번호는 972다. 국가번호 뒤에 지역번호와 전화번호를 누른다.	이스라엘 이외의 지역에서 전화를 걸 때 국가번호 앞에 00 또는 013(또는 012나 014)을 누른다.
시간대	우리나라보다 6시간 늦다.

01

영토와 국민

이스라엘은 1948년 유대교와 기독교, 그리고 이슬람교의 성지에 수립되었다. 이스라엘 역사에 대한 해석을 놓고 논란이 뜨거운 것은 놀랄 일도 아니지만, 이스라엘 사람들을 이해하기 위해서는 유대인의 관점으로 접근해야 한다.

지리적 특징

지중해 동쪽 끝에 자리한 이스라엘은 좁고 기다란 영토를 지닌 나라로 북쪽으로는 레바논, 동쪽으로는 시리아와 웨스트뱅크 그리고 요르단, 남쪽으로는 홍해, 남서쪽으로는 이집트와 국경을 접하고 있다. 여기에 2005년 이스라엘이 가자지구에서 철수하면서 시나이 반도 해안을 따라 겨우 이스라엘의 도시 아슈켈론의 남쪽에서 끝나고 마는 가느다란 손가락 모양의 영토인 가자지구와도 국경을 접하게 되었다.

이스라엘 국토의 크기는 남한 면적의 0.2배 정도밖에 안 되지만 기후와 지형은 북부와 남부 그리고 동부와 서부가 크게 다르다. 지중해 연안의 푸른 초목으로 뒤덮인 평야에는 이스라

엘의 주요 세 도시 가운데 두 곳인 텔아비브 야파와 하이파가 자리하고 있다. 텔아비브 야파는 '결코 잠들지 않는 도시'라 불리며, 이곳에서 북쪽으로 85km 정도 떨어진 하이파는 카르멜산의 비탈과 등성이에 위치한 평화롭고 아름다운 도시다. 항구도시인 하이파는 고원과 삼림지 그리고 올리브나무 숲이 펼쳐져 있고 해수면 아래인 가장 낮은 곳에 갈릴리호가 자리한 갈릴리 지역으로 통하는 길목이다. 이스라엘에는 산악지대가 없고 고원만 있다.

이스라엘의 수도이자 정부 소재지인 예루살렘은 텔아비브에서 동쪽으로 59km 떨어진 성경 속 유대고원에 자리하고 있다. 예루살렘 동부는 유대 사막으로 이곳에서 비스듬히 내려가면 지표면의 최저점이자, 남쪽으로 뻗어나가 아프리카를 관

통하는 대지구대의 시작점인 사해가 나온다. 텔아비브에서 남쪽으로 115km가량 떨어진 곳에는 네게브 사막 지역의 주도 베르셰바가 자리하고 있고, 사막을 지나 남쪽으로 241km 떨어진 최남단 지점에 이르면 홍해항과 에일라트 리조트를 만날 수 있다.

기후

이스라엘은 지중해성 기후의 영향으로 여름에는 덥고 비가 오지 않는데 반해 겨울에는 온화한 날씨가 이어지며 특히 북부와 중부지방에서는 간간이 호우가 쏟아지곤 한다. 4월부터 10

월까지 일교차는 최저 23도 최고 30도에 이르며, 7월과 8월이 가장 덥다. 겨울에는 북부의 갈릴리 지역부터 네게브 북부에 이르기까지 나라 전체가 진초록으로 변한다. 이스라엘에서는 눈을 볼 일이 거의 없지만 만약 그럴 기회가 있다면 겨울철 예루살렘이나 골란고원에서 만나게 될 것이다. 주로 초여름과 가을에 발생하는 덥고 건조한 사막 바람인 함신hamsin이 가끔 불 때면 기온과 함께 화가 치밀어 오른다.

예루살렘은 해안가 평야지대보다 시원한데, 특히 저녁이 되면 습도가 내려간다. 에일라트는 언제나 따뜻해서 이스라엘 사람들은 물론 외국 관광객들도 사해의 리조트와 더불어 이곳의 겨울 햇살을 무척 좋아한다.

간략한 역사

이스라엘은 1948년 유대교와 기독교, 그리고 이슬람교의 성지에 수립되었다. 이스라엘 역사에 대한 해석을 놓고 논란이 뜨거운 것은 놀랄 일도 아니지만, 이스라엘 사람들을 이해하기 위해서는 유대인의 관점으로 접근해야 한다.

【고대사】

유대 역사는 약 4000년 전 기원전 1600년경에 성경 속 유대 민족의 선조들인 아브라함과 그의 아들 이삭, 야곱의 방랑으로 시작되었다. 창세기는 오늘날 이라크 남부에 위치했던 수메르의 도시국가 우르시에서 태어난 아브라함이 어떻게 명을 받고 유일신을 숭배하는 공동체를 찾아 가나안으로 가게 되었는지를 들려준다. 가나안 전역에 기근이 퍼져 아브라함의 손자 야곱(이스라엘)과 그의 열두 명의 아들들, 그리고 그 가족들이 이집트로 이주하면서 이들의 후손들은 어쩔 수 없이 노예가 되었다.

현대의 학식 덕분에 성경 속 이야기의 역사적 배경에 대한 이해도는 거듭 높아지고 있지만 히브리어 성경의 강력한 서사야말로 유대인의 정체성을 떠받치고 있는 주춧돌이다. 일례로 모세는 수 세대에 걸쳐 이집트에서 노예생활을 한 이스라엘 사람들을 해방시키고, 시나이산에서 십계명을 계시받았으며, 그들을 이끌고 사막에서 40년을 떠돈 끝에 국가를 이루게 되었다. 여호수아는 선봉에 서서 젖과 꿀이 흐르는 약속의 땅

이자 유대 민족이 반드시 '이교도들에게 빛'이 될 도덕적이고 윤리적인 사회를 건설해야 했던 가나안을 정복해나갔다. 유대인들은 그들의 의식

에 영원히 아로새겨진 출애굽(이집트 탈출)을 여전히 기념하면서 어디에 살든 매년 해방의 축제인 유월절을 기념한다.

【 성경 속 이스라엘 왕국들(기원전 587년~1세기경) 】

이스라엘인은 예수가 탄생하기 1000년 훨씬 이전에 가나안의 중앙고원 지역에 정착해 생활했다. 이 시기에는 성경에 등장하는 심판자와 예언자 그리고 왕들이 활약했다. 왕 다윗은 필리스틴Philistine(기원전 12세기경 팔레스타인 서남부 지역에 살던 민족으로 이스라엘 사람들을 자주 괴롭혔으며 블레셋인이라고도 함-옮긴이) 전사 골리앗을 무너뜨렸고 예루살렘을 수도로 삼은 그의 왕국은 해당 지역에서 강대국이 되었다. 다윗의 아들 솔로몬은 기원전 10세기 예루살렘에 최초의 성전을 세웠다. 솔로몬은 결혼을 통해 정치 동맹을 맺고 무역을 확대했으며 자국의 번영을 앞당겼다. 그가 사망한 후 왕국은 둘로 분열되어 북부에는 세겜을 수도로 하는 이스라엘이, 남부에는 예루살렘을 수도로 하는 유다 왕국이 자리하게 되었다.

【 추방과 귀환 】

소규모 유대 왕국들은 당시 적대관계였던 이집트와 아시리아 왕국 간의 권력 투쟁에 휘말렸다. 기원전 720년경, 아시리아인은 북부의 이스라엘 왕국을 멸망시키고 그곳에 살고 있던 사람들을 흔적도 없이 사라지게 했다. 기원전 587년에는 바빌로니아인이 솔로몬의 성전을 파괴하고 가장 가난한 유대인들을 제외한 모든 주민들을 바빌론으로 추방했다. 이와 같은 추방시기 내내 유대 민족은 신앙을 버리지 않았다. "예루살렘아, 내가 만일 너를 잊는다면 내 오른손이 말라 버리리라."(시편 137장 5절) 기원전 539년 페르시아가 바빌론을 정복한 후 키루스 대제는 추방당한 이들이 고국으로 돌아가 다시 성전을 세울 수 있도록 해주었다. 많은 유대인이 바빌론에 남으면서 지중해 주변의 주요 도시마다 유대인 공동체가 생겨났다. 이때부터 이스라엘 땅에 사는 유대인과 타지에 흩어져 사는 유대인 공동체, 즉 통틀어 디아스포라(이산)로 알려진 이들이 공존하게 되었다.

　기원전 332년, 알렉산더 대왕이 팔레스타인 지역을 정복했다. 이후 기원전 323년에 알렉산더 대왕이 사망하면서 그의 왕국이 분열되자 결국 옛 유다 왕국은 셀레우코스 왕조가 지배하는 시리아의 차지가 되었다. 시리아 왕조의 그리스화 정책은 저항에 부딪혔고, 사제였던 마타티아스와 그의 아들 유다 마카베오는 반란을 일으켜 셀레우코스 왕조를 무너뜨렸다. 기원전 164년에 마카베오는 성전을 다시 봉헌하였는데, 지금도 이때의 승리를 기념하는 하누카 축제가 열리고 있다. 당시 이들이 세운 하스몬가는 기원전 63년 폼페이 장군이 예루살렘을 함락할 때까지 이 지역을 통치했다. 결국 예루살렘이 함락된 이 유대 국가는 로마 제국에 흡수되었다.

【 로마의 통치와 유대인 반란 】

기원전 37년, 로마 원로원은 에돔 족장의 아들 헤롯을 유대의 왕으로 임명하였다. 내정에서 거의 무한한 자치권을 인정받은 헤롯은 로마 제국의 동부 지역에서 가장 막강한 예속 왕에 속하게 되었다. 헤롯 왕은 백성들을 무자비하게 억압하면서 대규모 건설사업을 벌여 카이사레아와 세바스테 같은 도시에 각종

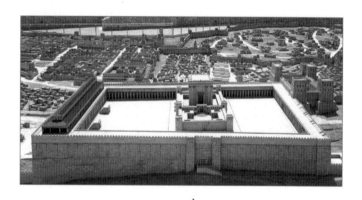

건축물을 지었고, 헤로디온 요새와 마사다 요새를 세웠다. 또한 예루살렘 성전을 재건하여 당대 최고의 건축물 중 하나로 만들었다. 헤롯 왕은 여러 업적을 세웠지만 유대인 백성들의 신뢰와 지지를 얻지는 못했다.

4년 헤롯 왕이 사망한 뒤 수년 동안 정치적 혼란과 사회 불안이 이어지면서 사람들은 구세주가 나타나기를 간절히 바라게 되었다. 잔인하고 부패한 로마 행정관들에 대항해 서로 다른 유대인 분파가 힘을 합쳤고, 결국 67년 유대인들은 전면적인 반란에 나섰다. 68년 네로 황제가 자살한 뒤 황제에 즉위한 베시파시아누스는 자신의 아들 티투스를 유다로 보내 계속해서 군사 작전을 펼치게 했다. 70년, 로마 군대는 예루살렘을 포위했고 유대력 5월(아부월) 9일에 성전은 완전히 잿더미로 변하고 말았다. 세 개의 탑을 제외한 다른 모든 건물들도 파괴되었고 시민들은 포로로 잡혔다.

유대교 열성당원들은 헤롯 왕이 지은 궁전 요새로, 사해가 내려다보일 만큼 접근할 수 없는 산간고원에 자리한 마사다 요새로 피신했다. 수년간 이들을 몰아내려고 했던 로마군은

73년에 1만 명의 군사를 동원해 마사다 요새를 포위했다. 결국 로마군이 요새의 방어벽을 무너뜨리는 데 성공했을 때 요새를 지키고 있던 유대인들은 남녀노소 할 것 없이 다섯 명만 제외하고 모두 사망한 상태였다. 십자가에 못박히거나 노예가 되기보다 자결을 택했기 때문이다.

131년, 랍비 아키바의 영적 지도와 시몬 바 코흐바의 전투 지휘 아래 잘 조직화된 두 번째 반란이 일어났다. 그 결과 로마군은 예루살렘에서 철수할 수밖에 없었고 유대 정부가 들어서게 되었다. 4년 동안 로마에 엄청난 손실을 안긴 이 반란은 135년 하드리아누스 황제에게 진압되었다. 예루살렘은 로마의 도시로 재건되어 앨리아 카피톨리나라는 이름으로 유피테르(제우스)에게 봉헌되면서 유대인들은 더 이상 이곳에 들어

갈 수 없었다. 유대 지역은 시리아 팔라이스티나로 이름이 바뀌었다.

【 디아스포라 】

이스라엘 땅 밖에서 흩어져 살고 있는 유대인들의 사연은 길고 복잡해서 수많은 문학작품의 소재가 되곤 한다. 얄궂게도 성전이 파괴된 뒤 종교적·사회적으로 더욱 강력한 결속체인 랍비 유대교가 생겨났다. 이 랍비 유대교는 바리새인Pharisee의 학문적 전통을 계승한 법체계이자 관습체계였다.

135년 이후 거의 2000년 동안 유대인들은 여러 다른 나라에 흩어져 소수집단으로 살아왔다. 이와 관련해 이스라엘 초대 총리 다비드 벤 구리온은 다음과 같이 말했다. "우리는 성경을 지켜왔고 성경이 우리를 지켜줬다." 기독교 영향권에서 유대인들은 끊임없이 박해를 받았다. 이들은 이슬람 치하에서 더 잘 살았기 때문에 이슬람이 지배했던 스페인의 황금시대는 유대 역사의 절정기였다. 그 외에도 때와 장소는 달랐지만 평화와 번영을 누리고 문화적 업적을 이룬 시절들이 있었다. 그러는 동안 저마다 나름의 의제를 내건 세습통치자들은 이스라엘 땅을 호시탐탐 노리며 싸움을 벌였다.

【비잔틴 제국 통치기(327~637년)】

유대 국가가 무너지고 기독교가 로마 제국의 국교로 채택되면서 유대 지역은 대부분 기독교도화 되었고 기독교의 핵심 순례지로 떠올랐다. 콘스탄티누스 황제의 어머니 헬레나 왕비는 326년에 성지(팔레스타인)를 방문했다. 예루살렘, 베들레헴, 갈릴리에 교회가 세워졌고 성지 전역에 수도원이 건립되었다. 614년 페르시아가 침공하면서 이 일대가 크게 파괴되었지만 629년 비잔틴 제국의 사람들이 이 지역을 다시 장악했다.

【 첫 번째 이슬람 통치기(638~1099년) 】

첫 번째 이슬람 점령기는 예언자 무함마드가 죽고 4년이 지난 뒤 시작되어 4세기 이상 지속되었다. 637년에 예루살렘을 점령한 칼리프 오마르는 특이하게도 기독교도와 유대인들에게 똑같이 관용을 베풀었다. 688년, 다마스쿠스에 기반을 둔 우마이야 왕조의 칼리프 아브드 알 말리크Abd el-Malik는 모리아산에 자리한 성전 터에 웅장한 바위 돔 사원을 짓게 했는데, 이곳에서 예언자 무함마드는 그 유명한 '밤 여행'을 체험했다. 바위 돔 근처에는 알 아크사 사원이 건립되었다. 750년, 팔레스타인은 아바스 왕조로 넘어가 새로운 수도 바그다드의 통치권 아래 들어갔고, 969년에는 (유럽인들에게 사라센 제국으로 알려진) 시아파인 이집트의 파티마 왕조가 이 지역을 차지했다. 그러면서 성묘 교회가 파괴되고 기독교도와 유대인들은 심한 박해를 받게 되었다.

【 십자군 전쟁(1099~1291년) 】

이슬람 통치기에 기독교도들은 예루살렘에서 대체로 자유롭게 예배를 보았다. 그러나 1071년, 최근 이슬람교로 개종한 유목민족인 셀주크튀르크족은 반 호수 인근의 만지케르트에서

비잔틴 제국 황제를 격퇴하고 파티마 왕조를 팔레스타인과 시리아에서 내쫓았다. 1077년 셀주크튀르크족은 기독교 순례자들의 예루살렘 출입을 막았다. 그러자 1095년 비잔틴 제국의 황제와 순례자들은 교황 우르바노스 2세에게 도와달라고 호소했다. 이에 호응하여 교황은 이교도들에게서 성지를 해방시키는 성전을 치르자며 십자군을 소집했다. 1096년부터 1204년까지 네 차례에 걸쳐 유럽의 대규모 기독교도 군대가 중동 지역으로 원정을 나섰다.

1099년, 고드프루아 드 부용이 이끄는 대규모 십자군이 5주 동안의 포위공격 끝에 예루살렘을 함락하고 기독교도가 아닌 시민들을 학살했으며 유대인들을 유대교 회당에 가두고 불을 질렀다. 이어 고드프루아는 예루살렘 라틴 왕국을 세웠다. 1100년 고드프루아가 죽자 그의 동생 보두앵이 뒤를 이어 예루살렘

의 왕이 되었다. 하지만 12세기 중반부터 기독교 지역들은 성 요한 기사단과 템플 기사단 같은 뛰어난 기사단이 결성됐음에 도 방어하는 입장에 놓이게 되었다.

1171년, 모술의 셀주크인들이 이집트에서 파티마 왕조를 무 너뜨리고 쿠르드족 출신의 장군 살라딘을 통치자 자리에 앉 혔다. 그러자 그 효과는 엄청났다. 살라딘은 갈릴리 지역을 휩 쓸고 티베리아스 근처에 자리한 고원 하틴의 뿔에서 기 드 뤼 지냥이 이끄는 기독교도 군을 무찌르고 1187년에 예루살렘 을 함락했다. 그러자 그리스도교의 영향권에 있는 지역은 티 루스와 트리폴리 그리고 안티오크만 남게 되었다. 이에 대응 하여 유럽인들은 3차 십자군 원정에 나섰다. 잉글랜드의 사자 왕 리처드 1세가 이끄는 십자군은 가까스로 아크레를 포함해 지중해 연안의 좁은 지역을 탈환했지만 예루살렘을 되찾지는 못했다. 결국 리처드는 살라딘과 휴전을 맺은 뒤 유럽으로 돌 아갔다. 이후에도 잉글랜드의 에드워드 1세를 포함해 유럽의 군주들이 몇 차례 더 원정에 나섰지만 아무런 성과도 올리지 못했다. 결국 이집트의 맘루크 왕조가 팔레스타인과 시리아를 재정복하면서 1302년 기독교도들의 마지막 전초기지를 장악 했다.

【 맘루크 통치기(1291~1516년) 】

터키족과 시르카시아(체르케스)족 노예병들의 후손인 맘루크 왕조는 1250년부터 1517년까지 이집트를 지배했다. 이들의 통치를 받으면서 팔레스타인은 쇠퇴기에 접어들었다. 더 이상 십자군이 들어오지 못하도록 항구를 파괴한 까닭에 무역은 점차 줄어들었다. 결국 예루살렘을 비롯한 나라 전체가 사실상 황폐화되었다. 그러면서 지역의 소규모 유대인 공동체는 완전히 피폐해졌다. 맘루크 왕조가 끝나갈 무렵에는 팔레스타인 전역이 권력투쟁과 자연재해에 시달렸다.

【 오스만 제국 통치기(1517~1917년) 】

1517년, 팔레스타인은 영토를 넓혀가고 있던 오스만 제국의

지배권에 들어가 시리아 다마스쿠스주에 속하게 되었다. 지금의 예루살렘 벽은 1542년에 술레이만 대제가 건설한 것이다. 1660년 이후 팔레스타인은 레바논의 사이다주로 편입되었다.

오스만 제국의 통치가 시작되었을 무렵 팔레스타인에는 1,000여 유대인 가구가 살고 있었다. 이들은 오스만 제국이 지배하는 다른 지역 출신의 이민자들뿐만 아니라 예전부터 이곳에 살아왔던 유대인들이었다. 1700년 예루살렘 구시가지에서 '후르바Hurva 유대교 회당'의 건축작업이 시작되었다. 이후 1831년, 명목상 터키 황제의 신하였던 이집트 총독 무함마드 알리가 팔레스타인을 점령한 뒤 유럽에 문호를 개방했다. 1840년에 오스만 제국에서 이 지역을 직접 통치했지만 서유럽의 영향은 계속되었다. 1856년, 터키 황제는 제국 내 모든 종교에 대해 관용을 베푸는 칙령을 발표하면서 팔레스타인에서 유대교와 기독교의 포교활동이 늘어났다.

70년 성전이 파괴되고 난 뒤부터 유대인들은 예배와 민중의식에 이스라엘 땅(히브리어로 '에레츠 이스라엘')으로 되돌아가고 픈 열망을 표현해왔다. 유대 민족이 시온으로 돌아간다는 믿음은 유대인들의 절대적 신념의 핵심이었다. 따라서 정치적 시온주의가 탄생하기 훨씬 이전부터 유대인들의 성지에 대한 애착은 '에레츠 이스라엘'로의 '이주Aliyah'로 나타났다. 유대교 자선단체의 후원에 힘입어 모로코, 예멘, 부하라, 루마니아, 그리고 러시아처럼 먼 나라의 유대인들도 성지로 왔다. 1860년 유대인들은 예루살렘 성벽 밖에 최초의 정착지를 건설했다. 시온주의자들의 일시적 이주가 시작되기 이전 이미 사페드, 티베리아스, 예루살렘, 예리코, 그리고 헤브론에는 꽤 큰 유대인 공동체가 형성되어 있었다. 이로 인해 1890년부터 1914년 사이에 팔레스타인 전역에 거주하는 유대인 인구는 104%나 증가했다.

【 시온주의 】

시온주의는 1890년 팔레스타인에 독립된 유대인의 조국을 건설하려 했던 유대인 민족운동에 붙여진 이름이다. '시온'은 처음에 다윗 왕이 성전을 지은 예루살렘의 언덕을 가리키는 말이었다가, 결국에는 성전과 예루살렘, 그리고 팔레스타인 자체와도 같은 뜻으로 쓰이게 되었다.

18세기 유럽에서는 계몽주의가 관용과 이성의 시대를 예고하면서 유대인들도 시민사회에 동등하게 참여할 수 있을 것으로 여겨졌다. 하지만 차별대우에서 벗어나 동화된 서유럽 유대인들이 중산층에 진입하고 전문직에 종사하게 되면서 새로운 문제가 발생했다. 종교와 관련 없는 유럽 민족주의는 근대의 과학적 인종주의뿐만 아니라 신비주의적 민족주의 형태를 띤 반유대주의를 낳았다.

1880년대 저개발국이었던 제정 러시아에서는 공식적으로 유대인 집단학살을 부추겨 농촌 정착지에 거주하던 유대인들은 약탈과 강간, 살해를 당하는 일이 빈번했다. 그러자 유대인들은 독립된 조국만이 살 길이라는 생각을 굳히게 되고, 시온으로 되돌아가고자 하는 아주 오래된 종교적 열망이 더욱더 커졌다. 처음에 일관된 계획이 없었던 시온주의 운동은 테오도르 헤르츨의 지휘 아래 에레츠 이스라엘의 주권을 획득하기 위한 정치운동으로 발전하였다.

【 밸푸어 선언 】

유대 민족의 조국을 건설하고자 하는 노력은 1917년 밸푸어 선언으로 지원군을 얻게 되었다. 영국 외무장관 밸푸어는 밸푸어 선언에서 영국 정부는 유대 민족을 위한 민족적 고향을 건립하는 데 찬성한다고 밝혔기 때문이다.

아울러 제1차 세계대전 중이던 당시 아랍의 민족 지도자들에게는 오스만 제국의 지배자들에 대항해 봉기하도록 이런저런 약속들이 제시됐다. 종전 후 오스만 제국이 분할되었고 새롭게 창설된 국제연맹은 영국에게 요르단강 서안과 동안의 팔레스타인 지역을 위임통치할 수 있는 권한을 주었다.

• 테오도르 헤르츨 •

오스트리아–헝가리 제국 태생의 동화된 유대인이자 지식인이었던 테오도르 헤르츨(Theodor Herzl)은 드레퓌스 사건 당시 비엔나의 영향력 있는 진보계열 신문 〈신자유신문(Neue Freie Presse)〉의 파리 특파원이었다. 그는 1894년 군사 법정에서 열린 알프레드 드레퓌스 재판을 둘러싸고 프랑스에서 집단적인 반유대주의를 보도하면서 충격을 받았다. 유대인이자 프랑스 육군 대위였던 드레퓌스는 날조된 증거를 바탕으로 독일의 스파이 노릇을 한 혐의로 기소되어 유죄 선고를 받았다.

　드레퓌스 재판을 지켜본 헤르츨은 민족주의 시대에 유대인들이 처한 곤경의 유일한 해결책은 정치, 즉 유대 국가를 건설하는 길뿐이라고 확신했다. 그는 이 일에 몸 바쳤고, 1895년에는 『유대 국가(Der Judenstaat)』라는 제목의 소책자를 집필했다. 헤르츨은 영향력 있는 유대인들뿐만 아니라 사상적으로 다른 시온주의 진영의 지지를 얻어낸 끝에 1897년 바젤에서 1차 시오니스트 의회를 소집했다. 그는 1897년부터 1902년까지 총 여섯 차례에 걸쳐 시오니스트 의회를 소집하고 합심하여 정치적 노력을 기울일 수 있는 기반과 수단을 마련했다.

헤르츨이 1902년 출간한 소설로 팔레스타인에 건설된 협동적인 유대 국가에 대한 전망을 제시한 『오래된 새로운 땅(Altneuland)』에는 19세기에 널리 퍼져 있던 혁신적이고 사회주의적인 이상사회 사상이 상당수 반영되어 있다. 그는 소설의 첫 머리에서 이렇게 말했다. "그것을 바라는 순간 그것은 더 이상 꿈이 아니게 된다."

헤르츨은 세계 정상들과 정부 각료들을 만나 유대 국가를 세울 부지를 얻고 그들의 응원과 지지를 끌어내기 위해 노력했다. 제시된 선택 가능한 지역들은 팔레스타인, 키프로스, 시나이 반도, 그리고 엘아리쉬였다. 영국 식민성 장관 조지프 체임벌린이 1903년 동아프리카(우간다)를 제안했지만 러시아 의회 대표단의 반대가 심해 받아들여지지 않았다.

오랫동안 근대 시온주의 지도자로 인정받아 온 헤르츨은 1904년에 숨을 거두었다. 그의 시신은 비엔나에

묻혔다가 유대 국가가 건설된 뒤 이스라엘로 옮겨져 서예루살렘에 자리한 헤르츨 언덕 국립묘지에 안장되었다.

【 영국의 위임통치기(1919~1948년) 】

팔레스타인 위임통치안은 벨푸어 선언 제6항을 구체화한 것으로 유대인의 이주와 정착을 장려하고 원활하게 진행시키는 임무를 수행하는 한편, 다른 부족민들의 권리와 입지를 침해하지 않도록 지켜준다는 내용을 담고 있었다. 또한 그 바탕에는

위임통치령에 가능한 독립을 보장한다는 원칙이 깔려 있었다. 이렇듯 모순된 약속을 내놓은 영국은 거의 불가능한 임무에 돌입한 셈이었다. 1922년, 위임통치 정부가 처음으로 내린 조치 중 하나는 요르단강 동안에 트란스요르단(요르단의 옛 이름-옮긴이)을 만든 것이다. 그리고 유대인들에게는 팔레스타인 서쪽 지역에서만 정착할 수 있도록 했다.

이주

1919년부터 1939년까지 연이은 유대인 이주자들이 물밀 듯이 팔레스타인에 도착하면서 지역 유대인 공동체 이슈브Yishuv의 성장과 발전에 기여했다. 1919년부터 1923년 사이에 대략 3,500명이 이주했는데 주로 러시아에서 온 유대인들이었다. 이들은 높은 수준의 사회·경제적 기반을 쌓은 뒤 팔레스타인으로 돌아와 키부츠Kibbutz나 모샤브Moshav처럼 집단적이고 협동적인 독특한 형태의 농촌공동체를 세웠다.

그다음으로 1924년부터 1932년 사이에 주로 폴란드에서 온 6만여 명은 도시에 터를 잡아 도시생활의 지평을 넓혔다. 이들은 텔아비브, 하이파, 예루살렘 같은 신도시에 정착해 중소기업과 건설회사 그리고 경공업 등을 시작했다. 마지막으로 대규모 이주가 일어난 때는 1930년대로 독일에서 히틀러가 권좌에 오른 후였다. 16만 5,000여 명에 달하는 이들 새로운 이주민들의 상당수는 전문직 종사자와 지식인들이었다. 서유럽과 중앙 유럽에서 처음으로 대규모 이주민들이 들어오면서 상업적으로나 문화적으로 유대인 공동체의 앞날에 큰 영향을 미쳤다.

1920년대에 헤브론, 예루살렘, 하이파, 모차Motza 등지에서 시온주의에 대한 아랍계 팔레스타인 사람들의 반감이 폭동과 학살로 나타났다. 1936년부터 1938년에 걸쳐(추축국의 재정지원을 받아) 하즈 아민 알 후세이니가 주도한 아랍 총 봉기 때 처음으로 아랍 무장단체와 유대인 무장단체가 충돌했다. 영국은 이러한 사태에 대응하기 위해 1937년 필 위원회를 꾸렸으며, 진상조사에 나선 필 위원회는 유대 영토와 아랍 영토로 분할하여 영국이 예루살렘과 하이파를 통치하는 안을 권고했다. 유대인 진영은 마지못해 이 안을 받아들였지만 아랍 진영에서는 이를 거절했다.

독일과 전쟁을 벌일 가능성이 커지자 중동 전역에서 아랍인들의 지지를 확보하고 싶었던 영국은 1939년 『맥도널드 백서』를 통해 자국의 팔레스타인 정책을 재정립했다. 이러한 조치에 따라 유대인 이주는 더 이상 이루어지지 않았고 유대인이 팔레스타인 지역의 땅을 구입하는 것도 금지되었다. 이로써 유럽의 유대인들은 팔레스타인으로 이주해 올 수 없어 그들의 운명은 바람 앞에 촛불이 된 셈이었다. 유대인 피난민을 태운 배들을 되돌려보내자 그중 일부 배들은 다른 나라에서 피난처를 찾아 전 세계를 항해했고 일부는 가라앉았다. 『맥도널드 백서』에 충격을 받은 유대인 공동체는 영국과의 관계를 재평가한 뒤 더욱 공격적인 시온주의 정책을 펼쳤다.

유대인 지하조직

영국의 위임통치기에 세 곳의 유대인 지하조직이 활동했다. 가장 큰 조직은 1920년 좌파계열의 노동 시오니즘 운동단체가 유대인 공동체의 안전을 지키기 위해 결성한 하가나Haganah였다. 하가나는 유대인들의 이주 제한 조치에 대규모 시위와 파괴 공작으로 대응했다. 1931년 이들의 반대파였던 민족주의계열의 수정주의 시오니스트 운동단체가 결성한 에첼Etzel 혹은 이르군Irgun은 아랍 진영뿐만 아니라 영국을 상대로도 비밀 군사작전을 벌였다(후에 이 조직을 이끌었던 메나헴 베긴은 1977년 이스라엘 총리가 되었다). 규모는 작았지만 가장 극단적인 조직이었던 레히Lehi 혹은 스턴 갱Stern Gang은 1940년에 테러활동을 시작했다. 이들

세 조직은 1948년 유대 국가가 수립되면서 해산되었다.

제2차 세계대전에 참전한 팔레스타인의 유대인 지원병들

제2차 세계대전이 발발하자 유대인 공동체는 독일에 맞서 싸우는 영국을 돕는 일에 힘을 모았다. 팔레스타인 지역의 유대인 공동체에서 2만 6,000명이 넘는 남녀가 영국군에 입대해 육해공군에서 활약했다. 1944년 가을에는 5,000여 명으로 구성된 유대인 여단이 자체 군기와 휘장을 갖춘 영국 육군 소속의 독립 부대로 결성되었다. 유대인 여단은 이집트와 북부 이탈리아 그리고 북서 유럽에서 전투에 참가했다. 유럽에서 연합군이 승리를 거둔 후에 이 여단 소속의 여러 병사들은 비밀리에 홀로코스트 생존자들을 팔레스타인으로 구출하는 일에 힘을 보탰다.

【 홀로코스트 】

중동 지역에서 일어난 충돌과 나치의 홀로코스트를 떼어서 생각할 수는 없다. 전 세계는 물론 제아무리 긴긴 세월 동안 떠돌아 다녔던 유대인들도 제2차 세계대전 때 그들이 처할 끔찍한 운명에 대비할 수 없었다. 나치 정권은 체계적인 계획을 세워 유럽에서 유대인을 제거하기 시작해 150만 명의 아이들을 포함해 650만 명의 유대인을 학살했다. 독일군은 유럽 나라들을 차례로 점령하면서 유대인들을 찾아내 체포한 뒤 게토로 몰아넣었다. 이어 게토에 있던 유대인들은 강제수용소로 이송되어 질병과 기아로 죽어갔고, 집단 총살을 당하거나 가스실에서 생을 마감했다. 독일군의 체포망을 피한 소수의 유대인들은 다른 나라로 도망쳐 유격대에 들어가거나 생명의 위험을 무릅쓴 비유대인들의 도움을 받아 숨어 있었다. 유럽의 유대인들 가운데 제2차 세계대전이 일어나기 전에 유럽을 떠난 이들을 포함해 3분의 1만이 살아남았다. 전쟁이 끝나고 나서야 유대인에게 자행된 대량학살의 규모가 세상에 드러났다. 그 후 이전의 신분이 어떠했든 대다수 유대인들에게 유대 국가와 성소를 건설하는 것은 인도주의 차원에서 반드시 필요한 일이었으며, 도덕적 의무이자 생존하고자 하는 강한 의지의 표명이었다.

【 제2차 세계대전 이후 】

종전 후 영국은 팔레스타인에 들어와 정착하는 유대인들의 수를 한층 더 제한했다. 이에 대항하여 유대인 공동체는 불법 이주에 관여해 홀로코스트 생존자들을 구출하는 행동대를 조직했다. 영국이 해상을 봉쇄하고 국경을 순찰하는 상황에서도 1945년부터 1948년까지 약 8만 5,000명의 유대인이 위험이 도사리고 있는 은밀한 경로를 통해 몰래 팔레스타인에 들어왔다. 도중에 붙잡힌 사람들은 키프로스의 임시 수용소에 구금되거나 유럽으로 돌려보내졌다.

영국의 위임통치에 대한 유대인들의 반발이 더욱 커졌다. 서로 다른 성향의 유대인 지하조직들은 점점 더 강도 높은 폭력을 반복적으로 행사하다가, 결국 1946년 예루살렘의 킹 데이비드 호텔에 있던 영국군 사령부에 폭탄공격을 감행해 91명이 사망했다. 긴장이 고조되는 가운데 영국은 팔레스타인 문제를

유엔에 넘겼다. 로비 활동이 이어지면서 유엔의 특별위원회가 팔레스타인을 방문해 권고안을 제시했다.

1947년 11월 29일, 팔레스타인에 거주하는 아랍인들과 이웃 아랍 국가들의 극렬한 반대에도 유엔은 미국과 소련의 지지를 업고 팔레스타인을 유대 국가와 아랍 국가로 분할하는 안을 채택했다. 시온주의자들은 이러한 결정을 받아들였지만 아랍인들은 거부했다. 팔레스타인과 아랍진영 전역에서 폭동이 일어났다. 1948년 1월, 영국이 여전히 명목상으로나마 통치하고 있는 상황에서 아랍연맹이 조직한 해방군이 팔레스타인 지역 민병대에 합류하기 위해 팔레스타인에 도착했다. 이들은 전 세계 언론을 초청해 연출된 기동 작전을 지켜보게 했다.

그해 5월 영국은 팔레스타인에서 철수할 의사가 있음을 밝히면서도 아랍진영이나 유대진영 또는 유엔 어느 측에도 통치권을 넘기지 않겠다고 선포했다. 1948년 봄 아랍군은 예루살렘에서 텔아비브로 가는 도로를 봉쇄해 나머지 유대인들이 예루살렘에 접근하지 못하도록 했다.

【독립전쟁】

1948년 5월 14일, 마침내 영국이 철수하던 날 65만 명의 유대

인 주민으로 구성된 이스라엘이 공식 국가로 선포되었다. 하임 바이츠만이 초대 대통령에 올랐고 다비드 벤 구리온이 총리를 맡았다. 이스라엘 독립선언문에는 다음과 같은 문구가 들어 있다. "이스라엘은 전 세계에 흩어져 살고 있는 유대인들의 이주를 받아들일 것이다."

다음 날 이스라엘은 이집트, 요르단, 시리아, 레바논, 그리고 이라크군의 공격을 받았다. 이 싸움은 생존 투쟁이었다. 충돌이 이어지는 사이 팔레스타인에 거주하던 아랍인들 가운데 약 70만 명이 인근 아랍 국가들로 피난을 갔지만, 평화조약이 체결되지 않았던 터라 이들 피난민들은 계속 난민으로 머물

렀다. 1949년 1월 7일 휴전 당시 이스라엘은 아랍군을 물리친 끝에 유엔결의안을 통해 이스라엘에 할당된 영토를 크게 넘어서는 곳까지 점령한 상태였다. 이후 유엔은 동예루살렘과 구시가지를 포함해 이들 지역의 대부분을 아랍 측 영토로 지정해 이 땅은 요르단 영토로 병합되었다.

1948년 이후 이스라엘 인구는 4년 사이 4배로 늘어났다. 유럽에서 난민이 되어 이주한 유대인들에 더해 아랍 국가들의 박해를 피해 건너온 이들이 60만 명에 달했다. 기본적인 기반시설이 갖춰지지 않은 상황임에도 완전히 다른 문화권에서 새롭게 이주해 온 수많은 이들을 작고 집단적인 공동체 조직으로 흡수하는 것은 전례가 없는 엄청난 일이다.

· 1948년 이후 주요 사건 ·

이스라엘 건국 이후 수년 동안 격동적이고 극적인 일들이 발생하면서 더 방대한 지역에 엄청난 영향을 미칠 결과로 이어졌다. 역설적이게도, 이웃 나라들의 뿌리 깊은 적대감이 되레 이스라엘 사회를 단결시켰고 성장과 창안의 자극제가 되었다.

1956년 : 시나이 작전

1955년, 이집트의 가말 압델 나세르는 아카바만을 봉쇄하고 에일라트항을 가로막은 뒤 요르단, 시리아와 합동사령부를 세웠다. 1956년 7월, 나세르는 수에즈 운하를 국유화해 이스라엘 선박의 출입을 막았다. 10월에 선제공격에 나선 이스라엘군은 시나이 반도를 점령했다. 이에 미국과 유엔이 거세게 압박하자 이스라엘은 자국에 절대적으로 필요한 수로를 개방해둘 것이라는 국제적 확약을 받아낸 후 철수했다.

1960년 : 아이히만 재판

이스라엘 정보 요원들이 히틀러의 유대인 몰살 계획을 실질적으로 집행한 아돌프 아이히만을 아르헨티나에서 납치해 이스라엘로 데려온 뒤 법정에 세웠다. 반인륜 및 반유대인 범죄로 유죄 판결을 받은 아이히만은 1962년 교수형에 처해졌다. 이 재판에서 내려진 사형선고는 이스라엘 역사상 유일한 사례다.

1967년 : 6일 전쟁

나세르는 시나이 반도에 군대를 집결시킨 뒤 이스라엘과 접한 국경 지역에서 유엔 감시군을 내쫓고 아카바만과 홍해 사이에 있는 티란 해협을 봉쇄해 이스라엘 선박의 접근을 막았다. 요르단의 후세인 왕은 자국 군대를 이집트의 지휘 아래 두고 이라크군이 요르단으로 들어오는 것을 허가했다. 이스라엘에서는 모세 다얀 장군이 국방장관에 임명되고 이츠하크 라빈이 참모총장에 올랐다.

6월 5일, 이스라엘 전투기들은 동트기 전 기습공격을 감행해 지상에 있던 이집트 공군을 공격했다. 지상군은 시나이 반도로 침투한 뒤 시나이 작전 때와 똑같이 수에즈 운하를 향해 빠르게 진군했다. 요르단과 시리아가 공격에 나선 후 이스라엘은 동예루살렘, 요르단의 웨스트뱅크를 점령했으며 골란고원에 자리한 시리아 요새를 함락했다. 엿새 후 전쟁은 끝났다. 가자지구, 시나이 반도, 헤르몬산 남사면을 포함한 골란고원, 그리고 예루살렘 구시가지를 포함한 요르단강 서안지구까지 이스라엘의 손에 들어갔다.

1972년 : 뮌헨 올림픽 대학살

1972년 뮌헨 올림픽에 참가한 11명의 이스라엘 국가대표 선수들이 팔레스타인 테러범들에게 인질로 잡혔다. 그 뒤 독일 보안부대가 구출 작전을 펼치는 사이 테러범들에게 목숨을 잃었다.

1973년 : 욤 키푸르 전쟁(제4차 중동전쟁)

이집트와 시리아가 연합하여 1년 중 유대인들에게 가장 신성한 날인 속죄일에 공격을 감행했다. 욤 키푸르(속죄일)에 모든 유대인들은 금식을 하며 거리에는 오가는 차량도 없고 라디오나 텔레비전도 방영되지 않는다. 처음에는 아랍진영이 크게 앞서나갔다. 그러나 2주 후 많은 사상자를 내긴 했지만 전세가 역전되었다. 아리엘 샤론 장군이 이끄는 이스라엘군은 수에즈 운하를 건너 이집트 제3군을 포위했다.

1976년 : 엔테베

에어프랑스 항공기가 텔아비브로 향하던 중 팔레스타인 테러범들에게 공중납치되어 우간다 엔테베로 갔다. 구출 임무를 맡은 이스라엘군은 아프리카로 날아가 엔테베 공항에 인질로 잡혀 있던 승객들을 구출했다.

1977년 : 메나헴 베긴 총리

이스라엘 건국 이후 처음으로 메나헴 베긴이 이끄는 리쿠드당이 총선에서 노동당을 누르고 우파 정부를 꾸렸다.

1979년 : 이집트와의 평화협정

이집트 대통령 안와르 사다트가 예루살렘을 방문해 이스라엘 국회에서 역사적인 연설을 했다. 2년 뒤 지미 카터 미국 대통령의 후원 아래 캠프 데이비드

협정을 체결하고 1년이 지난 1979년 이스라엘과 이집트는 워싱턴에서 공식 평화협정을 맺었다. 이는 아랍 국가와 맺은 최초의 평화협정이었다.

1981년 : 이라크 원자로 폭격

1981년 6월, 이스라엘 전투기는 이라크의 오시라크 원자로를 폭격해 당면한 사담 후세인의 핵무기 개발 위협을 제거했다.

1982년 : 레바논 침공

야세르 아라파트가 이끄는 팔레스타인해방기구가 이스라엘 북부의 소도시와 마을들을 공격한 데 대응해 이스라엘군이 레바논 남부로 쳐들어갔다. 애초 40km 지점까지만 진군할 계획이었던 이스라엘군은 베이루트까지 치고 올라갔다. 팔레스타인해방기구 전사들은 어쩔 수 없이 배를 타고 튀니지로 옮겨가고 말았다.

하지만 세계 여론은 물론 레바논의 기독교 민병대 팔랑헤 대원들이 사브라와 샤틸라 난민 캠프에서 저지른 악명 높은 팔레스타인인 대학살을 비롯한 레바논 현지 실상에 떠밀려 이스라엘은 좁고 기다란 국경의 북쪽 지역으로 철수할 수밖에 없었다.

1987년 : 제1차 인티파다(팔레스타인인들이 벌인 반이스라엘 저항운동)

요르단강 서안과 가자지구에서 팔레스타인인들이 이스라엘의 점령에 반대하는 격렬한 시위를 벌였다. 상업활동을 멈추고 파업에 돌입했을 뿐만 아니라 집회를 열고, 돌을 던지는 등의 저항운동이 펼쳐져 이스라엘과 그들의 점령지에서는 정상적인 삶이 불가능해졌다.

1991년 : 걸프전쟁

1991년 1~2월에 미국이 이끄는 다국적군이 이라크를 침공한 뒤 사담 후세인은 이스라엘에 스커드 탄도 미사일을 발사했다. 다행히 이 미사일에는 화학무기 탄두가 장착되어 있지 않았고 목표물도 거의 맞추지 못했다.

1993년 : 오슬로협정

오슬로에서 이스라엘과 팔레스타인 협상단이 만나 비밀회담을 나눈 끝에 서로 상대 진영을 인정하고 폭력을 멈추겠다는 합의에 도달했다. 1993년 9월 13일 협정을 맺기에 앞서 팔레스타인해방기구 의장 야세르 아라파트와 라빈 이스라엘 총리는 서신을 교환했다. 이들 서신에서 팔레스타인해방기구 측은 더이상 테러를 벌이지 않을 것이며, 이스라엘의 생존권을 부정하는 팔레스타인해방기구 헌장 속 조항들을 무효화하고, 수십 년 동안 이어진 갈등을 평화적으로 해결할 것을 확약했다. 이에 호응해 이스라엘은 팔레스타인해방기구를 팔레스타인 민족의 대표자로 인정했다. 또한 요르단강 서안과 가자지구에서 팔레스타인인들에게 단계적으로 자치권을 넘겨주고 점령지에서 더 이상 정착 활동을 펼치지 않겠다고 약속했다.

1994년 : 요르단과의 평화협정
이스라엘은 팔레스타인해방기구와 오슬로 평화협정을 맺은 뒤 요르단과도 공식 평화협정을 체결했다.

1995년 : 제2차 오슬로협정
이 협정으로 선출된 자치권한 기관인 팔레스타인 입법회의가 출범하고 서안지구에서 이스라엘 국방군이 지속적으로 이동함에 따라 팔레스타인 자치 정부의 영향력이 넓어졌다.

1995년 : 이츠하크 라빈 총리의 암살
1995년 11월 4일, 이츠하크 라빈 이스라엘 총리가 텔아비브에서 열린 평화집회에서 우파 유대교 광신자의 총에 맞아 목숨을 잃었다.

1996년 : 이슬람 극단주의 무장단체 하마스의 대원들이 잇따라 자살폭탄 테러를 감행하면서 평화협상 과정과 시몬 페레즈 정부는 난관에 부딪히기 시작했다.

1996년 : 우파계열의 리쿠드당 대표인 베냐민 네타냐후가 총리로 선출되었다.

1998년 : 와이강 회담에서 이스라엘군의 이동과 정치범 석방에 합의했으며 팔레스타인이 오슬로협정을 이행할 것을 재차 강조했다.

1999년 : 장군 출신으로 노동당 대표였던 에후드 바라크는 평화 공약을 내걸고 압도적인 지지로 총리에 선출되었다.

2000년 : 5월 이스라엘군이 레바논 남부에서 완전히 철수했다.

2000년 : 캠프 데이비드 회담
7월에 클린턴 미국 대통령과 바라크 이스라엘 총리, 그리고 팔레스타인 자치정부 의장 야세르 아라파트가 캠프 데이비드에서 만나 최종 합의를 이뤄냈다. 이 협상안은 아슬아슬하게 협정으로 이어지는 듯했으나 결국 무산되고 말았다.

2000년 : 제2차 인티파다(알 아크사 인티파다)

9월 28일 이스라엘의 야당 대표 아리엘 샤론이 성전산을 방문하자 팔레스타인 사람들이 폭동을 일으켰다. 당시 그의 방문은 공식적으로 발표된 것으로 아라파트를 포함한 팔레스타인 당국자들에게 사전 승인을 받은 상태였다. 이 제2차 인티파다는 이스라엘 본토의 버스, 시장, 쇼핑몰, 유흥업소 등에서 자살폭탄 테러를 일으키고 팔레스타인 자치구에서 차량을 이용한 총격과 칼로 찌르는 공격을 가하는 등 한층 치명적인 성격을 띠었다. 이에 엄중한 테러방지 조치들이 마련되었다.

2001년 : '평화와 안보'를 공약으로 내건 아리엘 샤론이 노동당을 압도적으로 누르고 총리로 선출되었다.

2002년 : 수차례의 자살폭탄 공격에 대응해 이스라엘은 서안지구에서 '방어벽 작전'에 돌입해 팔레스타인 지도자들을 체포하고 야세르 아라파트를 라말라의 정부청사 건물 밖으로 나오지 못하도록 막았다.

2003년 : 로드맵

2003년 5월 25일 이스라엘은 미국, 유엔, 유럽연합, 러시아가 마련한 평화안

'로드맵'을 받아들였다. 이 평화 로드맵은 3단계의 이행을 거쳐 이스라엘과 팔레스타인의 갈등을 두 국가의 해법으로 풀고자 했다.

이스라엘의 관점에서 팔레스타인 측은 로드맵 1단계(무조건적인 테러 중단과 선동 종결)를 이행하지 않았다. 이스라엘은 테러방지 조치 중 하나로 서안지구 주변에 대테러 장벽(분리장벽)을 세웠다.

2003년 : 아카바 정상회담

6월, 신임 팔레스타인 총리 마흐무드 압바스와 아리엘 샤론은 폭력 종식을 요구하고 평화 로드맵을 이행하겠다고 약속했다. 타협을 거부하는 무장운동 단체 하마스와 이슬라믹 지하드는 폭력 투쟁을 계속하겠다고 단언했다.

2003년 : 11월 19일, 유엔 안전보장이사회는 평화 로드맵을 지지하는 결의안 1515를 채택했다.

2004년 : 11월 11일, 팔레스타인해방기구 의장 야세르 아라파트가 사망했다.

2005년 : 1월, 마흐무드 압바스가 팔레스타인 자치 정부 수반으로 선출되었다.

2005년 : 샤름 엘 셰이크 정상회의

2월에 샤론 총리, 압바스 수반, 이집트 무바라크 대통령, 그리고 요르단의 압둘라 국왕이 평화를 회복하기 위해 이집트에서 만났다. 여기서 이들은 반이스라엘 봉기(인티파다)를 종식하겠다고 선언했다.

몇 주 지나지 않아 텔아비브에서 자살폭탄 테러가 발생했다. 이스라엘은 계획했던 팔레스타인 도시 이양을 멈췄다. 네타니아에서 또 자살폭탄 공격이 발생하자 이에 대응해 이스라엘은 대대적인 대테러 수색 작전을 펼쳤다. 이에 하마스는 가자에서 로켓포 공격을 시작했다.

2005년 : 가자지구 철수

8월, 정착 운동의 투사였던 아리엘 샤론은 일방적으로 가자지구에서 이스라엘군을 철수시키면서 8,000명의 정착민들을 피난시켰고 스물한 곳의 정착촌과 아울러 서안지구에 떨어져 있던 또 다른 네 곳의 정착촌까지 철거했다.

2006년 : 중동 개편

샤론은 리쿠드당을 떠나 중도 성향의 카디마당을 창당하여 이스라엘 정치에 지각변동을 일으켰다. 2006년 1월, 그는 심한 뇌졸중으로 쓰러져 끝내 회복하지 못했다. 이후 계속 혼수상태로 있다가 2014년 1월에 사망했다. 이후 부총리

에후드 올메르트가 그를 대신해 국정을 맡았으며 2006년 총선에서 카디마당을 승리로 이끌었다.

팔레스타인 자치 정부 또한 2006년 선거를 치렀는데 결과는 충격적이었다. 놀랍게도 이스라엘 파괴를 목표로 공언한 이슬람 무장단체 하마스가 집권당 파타당을 누르고 압도적인 표차로 승리했다. 많은 이들이 이러한 승리를 두고 충돌을 지속하기보다 통치를 더 잘하라는 의미로 표를 주었다고 해석했다.

2006년 6월, 이스라엘 병사 길라드 샬리트가 이스라엘에 잠입한 하마스 조직원들에게 납치되었다. 이후 가자에서 하마스에게 인질로 잡혀 있던 그는 2011년 10월 1,000명이 넘는 팔레스타인 포로들과 맞바꿔 풀려난 뒤 이스라엘로 돌아왔다.

2006년: 제2차 레바논 전쟁

2006년 7월, 이란의 지원을 받고 레바논 남부에서 활동하는 시아파 무장단체 헤즈볼라가 이스라엘의 국경 도시에 로켓탄을 쏘고 나서 국경을 넘어 습격해 이스라엘 병사 여덟 명을 죽이고 또 다른 두 명의 병사를 납치했다. 이에 대응해 이스라엘은 대규모 공습에 이어 지상공격을 펼쳤다. 헤즈볼라는 수천 발의 로켓을 발사하고 이스라엘 방위군과 게릴라전을 벌였다. 한 달 동안 이어진 이 전쟁에서 양측 모두 엄청난 인명 손실을 입었다. 결국 유엔이 중재에 나서 휴전하면서 이 전쟁은 결말 없이 끝났다. 헤즈볼라는 지금도 레바논의 무장 정파로 활동하고 있다. 2008년 6월에서야 포로 교환의 일부로 납치됐던 두 명의 병사 시신이 이스라엘로 돌아왔다.

2008년: 캐스트 리드 작전

가자지구 민병대가 점점 거세게 이스라엘 남부로 로켓포탄을 쏘아대자 이에 대응해 이스라엘은 2008년 12월 27일 캐스트 리드 작전에 돌입했다. 이후 3주 동안 가자지구에 공습을 퍼부은 이스라엘은 일방적으로 휴전을 선포했다.

2009년: 선거

2009년 선거에서 카디마당은 최다 의석을 차지했지만 정부를 꾸릴 수는 없었다. 리쿠드당 대표 베냐민 네타냐후는 다수파인 우파 연립정부를 구성해 총리가 되었다.

2011년: 사회적 항의 시위

2011년 5월, 코티지 치즈 값이 비싸다고 불평하는 내용의 어느 페이스북 게시물이 발단이 되어 이스라엘에서 높은 물가에 항의하는 거대 시위가 일어났다. 시위가 가속화되면서 6월 텔아비브 로스차일드 대로에 텐트가 세워졌다.

2011년 여름 내내 수천 명의 사람들이 시위에 참여함에 따라 '텐트 도시'는 이스라엘 전역에 등장했다. 당시 정부가 나서서 이런저런 약속을 했지만 체감할 수 있는 어떤 장기적이고 긍정적인 결과로 이어지지는 못했다.

2012년 : 방어기둥 작전

가자지구에서 이스라엘로 반복해서 로켓포 공격을 가하자 이스라엘은 이에 대응하여 2012년 11월 8일간의 잇단 공습 작전에 돌입했다. 대공방어체계 아이언 돔을 이용해 수백 발의 근거리 미사일을 격퇴했다. 이때 처음으로 가자에서 텔아비브와 예루살렘으로 장거리 로켓포를 발사했다.

2013년 : 선거

조기 선거에서 두 명의 새로운 정치 신인이 등장했다. 종교와 관계없이 중산층을 대표하고자 하는 중도파 예시 아티드(미래는 있다)당의 야이르 라피드와 우파계열로 종교적 시온주의를 내건 베이트 예후디(유대인의 조국)당의 나프탈리 베네트가 그들이다. 두 사람 모두 베냐민 네타냐후의 중도우파 연립정부에 합류했다. 처음에 이 연립정부에는 초정통파 정당들이 포함되지 않았다. 뒤이어 치러진 선거가 끝나고 나서 초정통파 정당들도 합류했다.

2014년 : 프로텍티브 에지 작전

2014년 6월, 세 명의 이스라엘 청소년이 현지 하마스 조직원에게 납치되어 살해당했다. 이스라엘은 이에 대응하여 서안지구에서 수백 명의 하마스 지지자들과 활동가들을 체포했다. 체포된 이들 중에는 길라드 샬리트의 석방으로 이어진 포로교환 때 풀려났던 포로들도 포함되어 있었다. 여기에 그치지 않고 유대교 광신자들이 살해된 이스라엘 청소년들에 대한 복수로 예루살렘에서 팔레스타인 청소년을 납치해 살해하는 끔찍한 사건이 일어났다.

하마스는 7월 초, 가자지구에서 이스라엘로 로켓포를 퍼부었고 이스라엘은 공습으로 대응했다. 사태를 진정시키려는 노력들이 이어졌지만 하마스가 텔아비브와 예루살렘을 겨냥해 로켓포 공격의 수위를 높이자 이스라엘도 지상 공격에 돌입했다. 이스라엘의 침공목표는 로켓포 공격을 끝내고 하마스가 만든 거대한 터널망을 파괴하는 것이었다. 이들 터널 가운데 상당수는 이스라엘까지 넘어와 있어서 남부 지역의 집단농장과 공동체들이 테러공격을 당할 위험에 노출되어 있었다.

7주간의 격전이 이어지는 동안 약 4,500발의 로켓포와 박격포가 이스라엘로 발사되었고 이스라엘 방위군은 5,000곳 이상의 군사 목표물을 타격했다. 이스라엘은 로켓포의 절반 이상과 국경을 넘어 공격하기 위해 파놓은 터널들을 전부 파괴했다. 2,000명이 넘는 가자인들이 목숨을 잃었는데 그중 상당수는 민간인이었다. 로켓포와 터널이 대부분 인구밀집 지역과 병원이나 학교 또는 사원에 배치되어 있었기 때문이다. 이스라엘 측에서는 군인 66명과 민간인 6명이 목숨을 잃었다. 이스라엘에 대공방어체계(아이언 돔)가 없었다면 이스라엘 민간인 사망자 수도 많았을 것이다. 아이언 돔이 건물이 많거나 인구가 밀집되어 있는 지역으로 날아오는 로켓포를 격추시켰다.

여러 차례 정전협상이 결렬된 끝에 마침내 8월 26일 이집트의 중재로 휴전에 들어갔지만 장기적인 쟁점들은 여전히 결론을 내리지 못했다.

오늘날의 이스라엘 사람들

이스라엘은 인종적으로나 문화적으로 다양한 유형의 사람들로 구성된 나라이다 보니 국민들에게서도 저마다 출신 국가의 특성이 나타난다. 부모가 예멘 출신인 이스라엘 사람들은 피부가 검고 호리호리한 것이 예멘 사람처럼 생겼으며, 이라크 태생의 부모를 둔 이들은 이라크 사람 같다. 많은 러시아계 이민자들은 19세기 말과 20세기 초 대학살을 자행한 바로 그

코사크족을 닮았다.

1948년부터 1977년까지 총 74만 5,000여 명에 달하는 유대인들이 이슬람 국가에서 더 이상 버티기 힘든 상황으로 치닫게 되자 이스라엘로 몰려왔다. 1950년대에는 북아프리카인들이 이주해왔고, 이후에는 폴란드인, 네덜란드인, 미국과 영국 연방 출신의 앵글로색슨족, 프랑스인, 남미 사람들, 멕시코 사람들, 그리스인, 터키인 등 각양각색의 문화와 가치관을 지닌 다양한 국적의 사람들이 이주해왔다. 이스라엘에서 태어난 아이들은 겉은 가시투성이지만 속은 달콤한 사막 선인장의 열매 이름을 따서 '사브라Sabra'라고 부른다. 이들 이스라엘 토박이들은 부모의 전통을 물려받아 이어나가고 다른 민족과 결혼했을 경우 두 민족의 전통을 함께 계승해나간다.

【 러시아인과 에티오피아인 】

1990년대 이스라엘은 러시아와 옛 소련연방국가 출신의 이민자들을 100만 명 넘게 흡수했다. 이와 같은 대규모 이주는 이스라엘에 큰 영향을 미쳤다. 인구가 현저히 늘어났을 뿐만 아니라 공업기술, 과학, 예술, 음악, 무용, 체육 분야에서 사용 가능한 기술력과 능력도 큰 폭으로 상승했다. 부정적인 영향 또한 피할 수 없어 조직범죄가 증가했다.

1984년에는 모세 작전을 펼쳐 에티오피아에서 약 7,000명의 유대인들을 이스라엘로 데려왔다. 1991년에는 수도 아디스아바바가 에티오피아 반군 인민혁명민주전선에 함락되기 직전, 30시간 만에 솔로몬 작전을 펼쳐 약 1만 4,500명을 구해내기도 했다. 이들 새로운 이민자들은 문화와 성장환경, 전통은 물론 기대치까지 다르다 보니 공동체의 일원이 되기가 훨씬 어려웠다. 하지만 이들 가운데 특히 패션 분야와 군대 쪽에서 크게 성공한 사례들이 많다.

이스라엘은 아주 다양한 비유대인들의 나라이기도 하다. 970만 명의 인구 가운데 약 75%가 유대인이며, 약 21%는 아랍인, 그리고 나머지가 드루즈인, 체르케스인 등이다.

【이스라엘 아랍인】

이스라엘 아랍인들은 1948년 전쟁 때 피난을 가지 않은 이들의 후손으로 시민권과 투표권이 있으며 공무원도 될 수 있다. 이들은 아랍 정당을 통하거나 아니면 주류 정당의 당원으로서 의회에 자신들의 의사를 충분히 전달할 수 있다. 또한 노조에 가입할 수 있으며 많은 이들이 이스라엘의 대학에 입학한다. 이스라엘 아랍인들은 하이파, 아크레, 야파, 라믈라에서 같은 국적의 유대인들과 화목하게 살고 있다. 이들은 선출된 시의회를 통해 자신들이 살고 있는 시나 마을을 운영해가며 어느 직종에나 자유롭게 종사한다.

부정적인 측면을 들자면, 이스라엘 아랍인들은 중동분쟁의 한복판에 갇혀 있어 애국심이 분열될 뿐만 아니라, 많은 유대계 이스라엘인들이 아랍인들을 대하는 태도에 영향을 미쳐 서로 의심하고 불신하는 감정을 불러일으킨다. 이스라엘 국적의 아랍인들은 이스라엘군에 입대할 의무가 없다.

이스라엘 아랍인들도 정치, 문화, 방송, 연예, 스포츠 등 모든 분야에서 크게 성공한 사례들이 있다. 몇몇 예를 들자면, 이스라엘 국가대표팀 소속이었던 축구선수 압바스 수안과 왈리드 바디르를 들 수 있다. 또한 이스라엘 전역은 물론 전 세계 어디든 가서 연주하는 아랍-유대인 유스오케스트라도 있다. 아말 무르쿠스는 이스라엘 아랍인 가수로 이스라엘에 살면서 이스라엘과 해외에서 공연을 펼치며 팔레스타인 음악과 문화를 알리고 있다. 유대계 이스라엘 사람으로 인기 가수이자 평화운동가인 아히노암 니니와 유명한 아랍계 이스라엘인 가수 미라 아와드는 2009년 유로비전 송 콘테스트에 이스라엘 대표로 참가해 함께 노래했다.

【 베두인 】

국적에 덜 얽매이는 베두인은 전통적인 유목민으로서 주로 남부 네게브 사막 지역에 거주한다. 간선도로를 지나다 보면 이들의 천막, 낙타, 염소, 양 등을 볼 수 있다. 베두인은 인심이 후하기로 소문이 자자해서 베두인의 천막에서 식사 대접을 받은 손님은 잊지 못할 경험을 한다. 또한 이들은 추적 솜씨가 뛰어나기로 유명해 많은 베두인들이 이스라엘 방위군에 지원해 이스라엘 국경을 지키는 수색대로 복무한다. 반면 베두인을 일반 거주지가 아닌 특별히 마련된 거주지에 정착시키려는 정부의 노력은 비판을 받으며 부분적인 성공에 그치고 말았다.

【 드루즈인 】

유대가 두터운 드루즈인은 11세기 카이로에서 파티마 왕조의 칼리프 알 하킴을 숭배하는 데서 유래한 이스마일파의 한 분파다. 이들은 자신들의 종교를 해당 성직자와 신도들만 알 수 있게 은밀하게 계승해왔다.

갈릴리 지방 전역에 흩어져 살고 있는 이스라엘 드루즈인들은 이스라엘 사회에 성공적으로 융화되었다. 이들은 이스라엘 방위군에 입대하는데, 그중 상당수가 고위직에서 복무하기 때문에 대부분 이스라엘 아랍인과 맞닥뜨리는 딜레마에서 자유로운 편이다. 반면 골란고원에 자리한 마을에 살고 있는 드루즈인들은 골란고원이 시리아에 반환될지 아닐지 모르기 때문에 어느 쪽에 충성해야 할지 결정해야 하는 문제를 안고 있다. 골란고원에 거주하는 드루즈인들은 이스라엘 방위군에 징집되지 않는다.

【 체르케스인 】

이슬람교도지만 아랍인은 아닌 이들은 캅카스산맥 북쪽에 자리한 흑해 연안 지역 체르케스에서 유래한 민족으로 갈릴리 남쪽 지역에 모여 산다. 생김새가 동유럽인과 비슷한 체르케스인은 히브리어뿐만 아니라 자신들의 언어인 체르케스어와 아랍어도 구사한다. 이들은 모든 면에서 이스라엘인으로 간주된다.

· 이스라엘의 다문화주의 ·

이스라엘의 인종적 다양성은 대중문화에서 눈에 띄게 드러난다. 1999년 라나 라슬란은 최초의 아랍인 미스 이스라엘이 되었고, 2013년에는 이티시 아이나우가 에티오피아 태생 이스라엘 사람으로는 최초로 미스 이스라엘에 선발되었다. 2014년 방영된 이스라엘 최초의 TV 오디션 프로그램인 〈엑스 팩터(X Factor)〉에서는 필리핀인 간병인 로즈 포스타네스가 우승을 차지했다.

2013년에 방영된 TV 쇼 〈마스터 셰프〉 결승전이야말로 다문화 사례의 결정판에 가깝다. 세 명의 결승 진출자들은 가톨릭에서 유대교로 개종한 독일 태생의 톰 프란츠, 히잡을 쓴 아랍계 이스라엘인 살마 피오미 파리즈, 그리고 초정통파 유대교 여성 재키 아줄라이였다. 프란츠가 우승한 최종회는 이스라엘 텔레비전 역사상 최고의 시청률을 기록했다.

정치체제

이스라엘은 보통선거에 기초한 민주공화국으로 대통령, 단원제 국회(크네세트), 정부, 사법부, 감사원으로 구성되어 있다.

【 대통령 】

이스라엘 대통령의 임무는 대부분 의례적이지만, 국가원수로서의 대통령은 정당 정치를 초월해 국가 통합을 상징한다. 국회의원 과반수가 7년 단임의 대통령을 선출한다.

【 국회(크네세트) 】

국회의 주요 기능은 법률을 제정하는 것이다. 비례대표제에 기초한 총선을 통해 국회를 구성하고 120명의 국회의원들은 본회의, 12개의 상임위원회, 3개의 특별위원회에서 활동한다. 국회의원의 임기는 4년이며, 국회나 총리가 조기에 해산할 수 있다.

【 정부(내각) 】

정부는 안보를 포함해 내무와 외무를 운영할 책임이 있는 국가 행정부다. 따라서 국회에 보고할 의무가 있기는 하지만 광범위한 권력을 지니고 있다.

선거가 끝난 뒤 대통령이 총리 후보에게 연립정부 구성권을 주고 총리 후보가 국회에 내각 명단을 제출해 승인을 받으면 내각이 구성된다. 선거 결과 발표 후 20일 이내에 내각 명단을 제출하면서 정책 제안서도 함께 제출해야 한다. 일단 국회의 승인을 받으면 각료들은 그들의 수장인 총리에게 직무에 관해 보고할 의무가 있다. 전부는 아니지만 대부분의 각료들은 국방장관이나 외무장관 같은 장관직을 맡게 된다.

【 사법부 】

법관들은 대법원 판사, 법조계 인사, 공직자들로 구성된 특별지명위원회의 추천을 받아 대통령이 임명한다. 이렇게 임명된 법관들의 정년은 70세다. 민사소송과 형사소송은 치안판사법원과 지방법원에서 열린다. 반면 청소년, 교통, 군사, 노동, 지방자치단체 사건은 자체 특별법원에서 다룬다. 이스라엘에는 배심재판이 없으며 결혼, 이혼, 입양 같은 개인 신상에 관한 문제는 국내 다양한 공동체의 종교법원에서 다룬다.

대법원은 최고 항소법원으로 하급법원의 판결을 뒤집을 수 있다. 또한 정부기관을 상대로 낸 청원을 심리하는데, 이럴 경우 대법원은 1심 법원이자 종심법원이 된다. 그 외에도 대법원은 입법 수정의 타당성에 관해 국회에 권고할 수 있으며, 청원에 응하여 어떤 법의 이행과 해석이 이스라엘 기본법의 목적에 부합하는지 여부를 결정할 권한을 갖고 있다. 이스라엘에는 성문헌법이 없다. 하지만 대다수 헌법조항들이 기본법의 형태로 존재하는데, '인간의 존엄성과 자유' 조항(1992년)도 그중 하나다.

【감사원】

7년 임기의 감사원장은 국회의원들이 직접 투표로 뽑는다. 감사원은 국가의 세입·세출 결산을 검사하고, 공공행정의 적법성, 규칙성, 효율성 그리고 도덕적 청렴성에 관한 보고서를 발표하며, 국회 진출 정당들의 재무를 감찰할 권한이 있다. 그러나 감사원에는 감사 결과를 집행할 권한이 없다. 그렇다 보니 감사보고서가 언론에 대대적으로 공개되더라도 보고서 내용에 따라 확실한 조치가 취해질지 여부는 불투명하다.

【선거】

국회의원 선거는 보통, 전국, 직접, 평등, 비밀선거로 시행되며 전국이 단일 선거구다. 유권자들은 자신들을 대표해줄 수 있는 정당에 투표한다. 선거전에 뛰어드는 정당들이 아주 많다는 것은 종교, 사회, 안보, 경제문제와 관련해 다양한 철학과 신념이 공존한다는 뜻이다.

선거에 앞서 각 정당은 공약과 후보자 명단을 발표하며, 의석은 각 정당의 전국 득표율에 비례해 할당된다. 건국 이후 매 선거마다 10~15개의 정당이 의회에 진출해왔기 때문에 지금까지 어느 정당도 과반 의석을 차지한 적이 없었다. 그 결과 연달아 연립정부가 수립되면서 모략에 따른 불안정성과 군소정당들, 특히 종교정당들이 휘두르는 부당한 압박을 안고 갈 수밖에 없다.

전통적으로 각각 좌파와 우파였던 두 개의 거대 정당은 한때 모두 중도로 이동했다. 군소정당들은 민족종교, 초정통파, 진보 좌파, 민족주의 우파, 아랍계열 등 성향도 다채롭다. 따라서 이스라엘의 모든 정당은 소수자를 대변한다.

모든 이스라엘 국민은 18세부터 투표할 수 있으며, 21세부터는 국회의원에 입후보할 수 있다.

이스라엘 사람들은 국내 및 안보문제뿐만 아니라 외교관계까지 정치에 관심이 아주 많다. 또한 유권자의 77~87%가 투표할 정도로 전통적으로 투표율이 높다. 물론 중도 신당 카디마가 정권을 잡은 2006년 선거에서는 투표율이 63%밖에 되지 않았지만, 2009년과 2013년에는 65%였고, 2015년에는 72%, 가장 최근인 2022년에는 71%였다.

이스라엘 기본법에 따르면, 크네세트는 정당의 목적이나 활동에 명시적이든 암묵적이든 유대인의 나라라는 이스라엘의 정당성을 부정하거나, 이스라엘이 민주주의 국가임을 부정하거나, 또는 인종차별을 선동하는 내용이 담겨 있으면 중앙선거위원회를 통해 해당 정당을 선거에 참여하지 못하도록 할 수 있다.

【 선거일 】

선거일은 국민 모두 투표할 수 있도록 공휴일로 지정되어 있다. 현역 군인들은 각자의 부대에 설치된 투표소에서 투표한다. 재소자들과 병원에 입원한 이들은 특별한 절차를 거쳐 투표할 수 있다. 이스라엘 법률은 부재자 투표를 허용하지 않기 때문에 오직 이스라엘 국토에서 이루어진 투표만을 인정한다. 단, 이스라엘 상선과 해외 대사관, 영사관 등에서 근무하는 이스라엘 시민들은 예외다.

국회 과반수인 61명의 국회의원이 신임을 해주면 정부가 출범하고 그에 따라 각료들도 취임한다.

경제

이스라엘에는 첨단기술 회사들과 신생 회사들이 지나칠 정도로 아주 많다. 미국과 중국을 제외하고는 나스닥에 상장된 회사가 많아 그 어느 나라보다 1인당 벤처자금 유입률이 높다. 이와 같은 성공 가도를 달리는 이유 중 하나는 천연자원이 거의 없는 작은 나라에 살다 보니 이스라엘 사람들은 처음부터 혁신적인 일에 주력해야 했기 때문이다. 군대 또한 많은 이들에게 과학기술 지식과 경영기술을 익힐 기회를 제공해준다. 병사들이 창의성과 자제력, 팀워크를 배우는 장이 되어 주는 이스라엘 방위군은 완벽한 창업보육센터 구실을 해왔다.

이스라엘의 수입 품목은 주로 원유, 곡물, 원자재, 원석 다이아몬드, 군장비 등이다. 주요 수출품은 첨단기술 제품, 세공된 다이아몬드, 산업 및 농업제품, 화학약품, 패션, 그리고 보안서비스 제품 등이다. 이스라엘의 군사 소프트웨어 산업에는 항공, 통신, 의료전자공학, 섬유광학 제품 등이 포함되어 있다.

이스라엘은 무역수지 적자에 시달리지만 대규모 이전거래와 대외차관 때문에 국제수지는 흑자다. 대외차관의 절반가량은 주요 경제·군사 지원국인 미국에게 지고 있다. 2022년 2분기 실질성장률(전분기 대비)은 1.7%이며, 15세 이상 노동인구는 419만 명인데 그중 2.9%가 실업상태다.

이스라엘 방위군

이스라엘 방위군Israel Defense Force, IDF의 사명은 이스라엘의 존립과 영토 및 주권을 지키고, 국민들을 보호하며 일상을 위협하는 모든 테러 세력에 맞서 싸우는 것이다.

이스라엘 방위군은 국민의 군대로 이스라엘에서 병역은 중요한 의무다. 이스라엘의 모든 남녀는 병역의 의무를 다해야 한다. 현재 남자들의 복무기간은 2년 6개월이며 여자들은 1년 6개월이다. 원래 남자는 3년을 복무해야 했는데, 2015년 이후 2년 8개월로, 2020년 이후 2년 6개월로 줄었다. 병역 의무를 마치고 나면 남자들은 45세까지 소속 부대의 요구에 따라 매년 몇 주에 걸쳐 예비군으로 복무해야 한다.

2011년에는 이스라엘 방위군의 33%가 여자였고, 그중 3%가 전투요원의 역할을 수행했다. 여자들은 보통 교관으로 복무하는데 젊은 남자 신병들이 이들 여자 교관에게 무기술과 사격술 등을 배운다. 전투병과 장교로 복무하거나 군대에서 특정 보직을 맡았던 여성 또한 예비군으로 복무한다.

여성 종교인들은 군복무를 면제받을 수 있는데 면제받은 여성들 대부분은 1~2년 동안 대체복무를 지원해 병원이나 특수교육 기관 또는 소외계층 관련 기관 등에서 일한다.

성장환경, 출신, 경제상황, 교육수준이 서로 다른 이스라엘 젊은이들은 함께 기초 훈련을 받고 병역 의무를 마치고 나서도 사회에서 어떤 일을 하든 상관없이 매년 예비군 훈련 때 다시 만난다. 때문에 강한 유대감이 쌓일 수밖에 없다. 이스라엘 방위군은 새로운 이민자들을 통합해 이스라엘 사람으로 거듭나게 하는 데 힘을 보태는 독특한 사회조직이다. 다른 나라에서는 명문사립학교나 명문대학이 평생의 자랑거리이듯 이스라엘 사람들에게는 자신이 복무한 부대와 그 부대에서 이뤄낸 성과는 평생 따라다니는 일종의 표창장이다.

이스라엘 방위군은 자국군의 군사적 유산뿐만 아니라 이스라엘의 전통, 즉 민주주의 원칙, 법과 제도, 역사적으로 계승한 유대 민족의 전통, 그리고 인명의 가치와 존엄을 긍정하는 도덕적 가치관에 기초한 문명국의 기풍을 갖춘 군대를 지향한다.

방위군들은 임무를 수행할 때 개인으로서 모범을 보이고, 항상 인명의 가치를 의식하며, 민간인에게 해를 끼치지 않도록 무기 사용을 절제하도록 훈련받는다. 또한 이들은 전문적이고 절도 있게 행동하며, 불법 명령을 내리거나 수행하는 것을 삼가고, 국가를 수호할 때 전우애와 의식적인 사명감을 발휘해야 한다.

이스라엘 방위군은 수색구조팀을 보내 신속하게 야전병원을 세울 수 있고, 해외에서 자연재해나 테러공격이 일어났을 때 피해자들을 도울 준비가 되어 있다. 실제로 이스라엘 방위군은 필리핀, 아이티, 일본 같은 나라나 허리케인 카트리나가 강타했던 뉴올리언스, 그리고 2004년 발생한 지진해일로 인해 피해를 입은 나라에서 여러 구조활동과 지원 임무에 참여했다.

대도시와 중소도시

이스라엘의 3대 주요 도시 예루살렘, 텔아비브, 하이파는 저마다 다른 매력을 뽐낸다. 흔히들 텔아비브는 춤을 추고, 예루살렘은 조용히 생각하며, 하이파는 아름다운 것들 속에 서 있다고 한다. 왜 그렇게 말하는지는 뒤에서 살펴볼 것이다. 다른 주요 소도시에는 홍해의 휴양지 에일라트와 네게브의 주도 베르셰바, 산업이 발달하고 주거시설이 잘 갖춰져 있으며 아름다운 해변과 홀리데이 클럽, 정박지가 펼쳐진 휴양도시 아슈켈론, 이스라엘에서 두 번째로 큰 항구도시로 러시아 이민자들이 많이 살고 있어 활력이 넘치는 아슈도드, 주거하기 좋고 상업이 발달했으며 반짝이는 해변과 산책로가 펼쳐진 휴양도시 네타니아 등이 있다. 다른 소도시들은 7장에서 다룰 것이다.

【 예루살렘 】

유대 언덕에 우뚝 자리한 예루살렘은 3000년의 역사를 자랑한다. 인구가 급증해 90만 명 이상이 살고 있는 예루살렘은 정부 소재지로 국회, 대법원, 사법부가 자리하고 있다. 이들 소재지에서 조금 떨어진 구시가지에는 기독교, 이슬람교, 유대교의 공동 성지로서 종교적으로 신성한 건물과 장소들이 즐비하다.

【 텔아비브 】

'봄의 언덕'이라는 뜻의 텔아비브에는 약 46만 명이 거주한다(이스라엘 인구의 절반가량이 텔아비브 대도시권에 거주). '현대 이스라엘 최초의 히브리 도시', '백색 도시', '결코 잠들지 않는 도시', '세상에서 가장 큰 소도시' 등으로 다양하게 불리는 텔아비브 야파는 지중해 연안을 따라 14km 가까이 이어져 있다.

'최초의 히브리 도시'는 1909년 고대 항구도시 야파에 살던 한 무리의 유대인들이 혼잡하고 적대적인 환경을 떠나 야파 북쪽 끝자락에 자신들만의 공동체를 세우면서 생겨난 도시다.

텔아비브는 1934년부터 1939년 사이에 히틀러를 피해 탈출한 유럽 이민자들이 이주해오면서 점점 도시가 확대되었으며 이런 이민자들 대부분은 교육을 받고 교양을 갖춘 이들이었다. 이와 같은 유럽 이민자들이 텔아비브에 특성과 개성을 더하면서 파란 하늘과 모래언덕이 펼쳐진 지중해 동쪽 지역에 세련된 '동부유럽' 도시가 탄생한 셈이다.

유대인의 4분의 1가량이 텔아비브 도시권에 살고 있다. 금융지구와 상업지구, 주거지구가 거의 나뉘어 있지 않기 때문에 퇴근시간 이후에도 불이 꺼진 곳들을 찾아보기 어렵다. 텔아비브의 자매도시로는 유명한 다이아몬드 거래 중심지 라마트간, 해변으로 유명한 바트얌, 세계적으로 유명한 와이즈만 과학 연구소가 있는 레호보트, 해변과 정박지 그리고 첨단기술의 도시 헤르츨리야, 기도와 종교의 도시 브네이브라크 등이 있다.

• 조가비 뽑기 •

전해지는 이야기에 따르면, 해변을 구입한 60가구에 땅을 공평하게 나눠주기 위해 해당 해변에서 '조가비 뽑기'가 열렸다고 한다. 60개의 하얀색 조가비에 가구의 이름을 쓰고 60개의 회색 조가비에는 대지번호를 쓴 뒤 회색 조가비와 하얀색 조가비 한 쌍을 뽑아 나눠가질 땅을 정했다고 한다.

【하이파】

북부 해안에 자리한 하이파는 성서시대부터 사람들이 거주해 온 도시로 예언자 엘리야와 관련이 깊다. 1905년 하이파-다마스쿠스 철도가 건설되면서 하이파는 새로운 활력을 얻었다. 제1차 세계대전이 끝날 무렵 유대인이 이주해왔을 때와 1929년에서 1934년까지 영국이 항구를 건설했을 때 하이파는 크게 성장했다. 오늘날 하이파는 이스라엘에서 가장 중요한 항구도시로 전국에서 손꼽히는 아주 멋진 해변을 자랑한다. 하이파만에서부터 솟아올라 뻗어나가는 카르멜산맥의 빼어난 배경 덕분에 하이파는 이스라엘에서 가장 아름다운 도시 1~2위를 다툰다.

세계 최상급 대학이 두 개나 있는 하이파는 수많은 학생들의 거주지이자 이스라엘 기술력의 중심지다. 이스라엘의 유명 과학·기술·응용연구소인 테크니온은 세계 50위에 올라 있으며 최근 노벨상을 세 차례나 수상했다. 이 연구소는 기술 기반 사업을 개척해 실리콘밸리 다음으로 첨단기술 회사들이 많이 몰려들면서 이스라엘에 '신생기업의 나라'라는 명성을 안겨주었다. 마탐공업단지에는 구글, 애플, 마이크로소프트 같은 다국적 기업들의 연구개발센터가 입주해 있어서 하이파는 명실공히 이스라엘 최고의 첨단기술 도시로 자리매김했다.

하이파는 다양한 도시라 하이파 시민들은 자신들의 도시가 공존의 모델이라는 데 자부심이 크다. 이스라엘의 축소판답게 하이파에서는 유대인, 이슬람교도, 기독교도, 드루즈인 공동체가 함께 살아가고 있다. 바하이교의 행정 중심지이기도 한 하이파에는 바하이교의 선구자이자 최초의 스승인 바브Báb의 사당을 모셔둔 유명한 공중정원이 있다.

키부츠

정치이론가이자 철학자 A. D. 고든은 육체노동이 정착민들에게 새로운 땅에 대한 애착을 키워줘 과거의 식민주의자들처럼 땅을 착취하는 일을 막아줄 것이라고 믿었다. 1910년 이러한 믿음으로 무장한 열두 명의 러시아 이상주의자들이 갈릴리 호수 남쪽 끝에 자리한 데가니아에 최초의 공동 정착촌인 키부츠를 세웠다. 새로운 사회주의 시대에 대한 전망에 흥분한 이들은 자신들이 하고 있는 일을 전 세계에서 따라할 것이라고 믿었다. 실제로 따라하는 이들이 나오면서 유대인 공동체 전역에 이와 같은 정착촌들이 우후죽순 생겨났다.

사실 키부츠의 집단구조는 사회주의 이념보다 문제해결에 대한 절실함의 산물이다. 열두 명의 러시아 이상주의자들은 바위투성이 언덕과 모기가 우글거리는 습지로 이루어져 사람이 살기 어려운 지대를 개간해야 했다. 어떻게든 쓸모 있는 땅으로 만들고, 질병에 대처하고, 비우호적인 이웃들로부터 스스로를 보호하기 위해 이들은 재산을 공유하고 서로에게 의지했다. 그리고 그 과정에서 안전욕구와 노동은 물론 노동에 따른 보상까지 똑같이 공유하는 친밀한 공동체가 탄생했다. 구성원들이 직접 뽑은 위원회가 전략과 우선순위를 정하고, 할 일을 배분하며 기본적으로 필요한 것들을 어떻게 제공할지 결정한다.

키부츠의 일원들은 그 수에 비해 넘칠 정도로 이스라엘에 큰 공헌을 하면서 정계에서 영향력 있는 인물이 되었고, 군대

의 고위직에 올랐으며 많은 이들이 정예부대에서 두각을 나타내고 있다.

오늘날 이스라엘에는 대략 300개의 키부츠가 있으며 이곳에서 생활하는 이들은 14만여 명에 이른다. 하이파 대학에서 키부츠 운동 100주년을 맞아 2010년에 실시한 조사에 따르면, 전체 키부츠의 4분의 1만이 변함없이 균등한 협동조합 기능을 하는 것으로 나타났다. 이런 실정에도 애초 키부츠 운동의 근간이었던 상호지원과 공통목표는 여전히 뚜렷해서 최근 몇 년 사이에 약 2,500명이 키부츠에 합류했는데 그중 60%가량은 나갔다가 다시 돌아온 이들이다. 그중에는 종교색이 짙은 키부츠도 있고, 경치가 좋은 곳에 자리한 키부츠의 경우 멋진 게스트하우스를 성공적으로 운영하고 있는 곳도 있다.

많은 키부츠들이 외부 회사와의 합작투자 사업으로 공장을 설립하곤 한다. 이럴 경우 점차 절대균등은 설 자리를 잃어가고 임금격차가 생길 뿐만 아니라, 외부 노동력과 특별한 기술을 지닌 사람들을 고용하는 등 수익을 올리는 데 필요한 체제로 바뀌어 키부츠 정신이 퇴색되고 만다. 이런 공장들 가운데 일부는 큰 성공을 거둬 지금까지 약 25개의 키부츠 사업체가 상장되었다.

키부츠의 원래 가치가 훼손되는 또 다른 이유는 많은 키부츠들이 구성원들에게 키부츠 체제 밖에서 일하는 것을 허락하다 못해 심지어 독려하고 있기 때문이다. 이렇게 키부츠 밖에서 일하는 사람들 중 일부는 고액 연봉을 받는데, 이들은 키부츠에 일정 금액을 내고 나면 나머지 돈을 본인이 소유할 수 있으며 회사에서 차량을 제공받는 등 여러 특전을 누린다. 또한 일부 키부츠 구성원들은 선물이나 유산에서 외부수입이 생기기도 하고, 심지어 키부츠 구성원이면서 자기 집을 소유할 계획을 세우는 이들도 있다.

많은 키부츠에서 지원자를 받는데, 이들은 대부분 유럽의 젊은 배낭여행객들로 키부츠에서 몇 주 또는 몇 달 동안 지내면서 일하곤 한다.

모샤브

키부츠 외에도 이스라엘의 농촌과 도시에는 여러 다른 형태의 정착촌이 있다. 모샤브는 키부츠보다 느슨한 협동체제다. 농부들의 협동공동체인 모샤브에서 각 가정은 자기 땅에 농사를 짓고, 자기 집에 살며 독립적인 삶을 영위하지만 마케팅과 농기계 구입 등은 공동으로 한다. 일부 구성원들은 도시에서 일을 하는 동안 자기 소유의 땅을 임대한다. 또한 본인 소유의 땅을 이용해 농업 관련 업체를 설립하는 이들도 있다.

02

가치관과
사고방식

이스라엘 사람들의 삶에서 가족은 여전히 큰 비중을 차지한다. 금요일 밤은 가족이 모여 즐거운
시간을 보내기 좋은 날이다. 안식일을 함께하기 위해 자식들과 손주들이 부모와 조부모의 집으로
모이는데, 이와 관련해서는 이스라엘의 국토가 크지 않은 것이 오히려 도움이 된다. 어디에 살든
안식일 모임에 참석하는 것 자체가 불가능할 만큼 먼 거리는 아니기 때문이다.

전쟁과 평화

생존을 위한 싸움은 이스라엘 사람들의 정신세계에 아주 큰 영향을 미쳤고 이런 상황은 계속되고 있다. 한 번의 예외(1982년에 치러진 레바논 전쟁)만 빼고, 이스라엘 사람들은 국가 존립이 위협당할 때나 방심한 사이 자신들에게 닥칠 운명을 결정할 때 항상 한목소리를 내왔다.

그러나 서안지구를 점령하는 문제와 관련해서는 그렇지 않다. 수년간 '위대한 이스라엘'을 향한 우파의 환상이 깨지면서 오늘날에는 여전히 과격한 꿈에 집착하는 소수 극우파부터, 동예루살렘과 구시가지를 제외하고 이스라엘의 안보에 꼭 필요한 지역들만 보유하길 바라는 대다수의 사람들, 그리고 지금과는 약간 다른 1967년 이전의 국경상태로 돌아가야 한다고 주장하는 소수 좌파까지 각각 다른 목소리를 내고 있다.

다른 여러 나라들처럼 이스라엘에서도 정치적 극우파와 극좌파가 활동하면서 실제 지지율에 비해 과도할 정도로 언론의 큰 주목을 받고 있다. 극우파 가운데 이른바 '힐탑 유스Hilltop Youth'는 종종 기존의 서안지구 정착촌 밖에 무단으로 정착지를 세우곤 한다. 이 단체 소속의 일부 젊은이들은 이슬람교도와 기독교도의 재산에 가격표를 붙이는 공격에 연루되어 있어서 가끔 이스라엘 정부군이 나설 때도 있으며, 정부는 이 문제를 처리할 특별 전담 부서까지 설치했다. 서안지구 정착촌에 거주하는 이들을 포함해 대다수 이스라엘 사람들은 이러한 공격을 크게 비난한다. 한편 좌파 운동단체 구시 샬롬 또한 극단 세력으로 간주되는데, 이들에 대해 이스라엘 주류 사회에서도 의견이 분분하다. 그 이유는 이들이 서안지구에서 복무하길 거부하는 병사들을 지지하고 가자지구에 난민 구조대를 보냈기 때문이다.

· 협상 피로감 ·

이스라엘 사람들은 수년 동안 미국 대통령들과 그들이 임명한 중동협상가들이 평화협상을 진전시키고자 애쓰며 다양한 수준의 성과를 올리고 돌아가는 모습을 지켜봐왔다. 모든 이스라엘 사람들은 팔레스타인 사람들과 평화롭게 살길 원하지만 앞으로 어떻게 이를 실현시킬지는 불분명하다. 평화를 가져올 것으로 간주됐던 오슬로협정에 서명한 지 20년이 훌쩍 지났으니 지금쯤 이스라엘 사람들이 '협상 피로감'을 겪는 것은 당연하다. 대다수 사람들은 여전히 두 개 국가 해결책을 지지하지만 관련 협상은 요구와 철회요구만 양산할 뿐 현 갈등상황의 끝은 보이지 않고 있다.

종교

이스라엘의 유대인은 보통 종교인과 세속인으로 이루어져 있으며 세속인의 수가 월등히 많다. 사실상 이스라엘 유대인은 4  개의 집단으로 나뉜다. 가장 소수집단은 검은 모자를 쓰고 검은 옷을 입는 초정통파 유대교도 하레디Haredi다. 2017년 중앙통계국 조사에 따르면 이들은 전체 유대인의 약 9%에 지나지 않는다. 하지만 2012년에서 2013년에 이스라엘의 유대인 학교 학생들 중 거의 30%가 초정통파였던 점을 감안하면 이들의 수는 훨씬 더 많을 것으로 예상된다. 국회에 진출한 유대교 정당들은 일반적으로 더 큰 사안들에는 무관심한 편이라서 잠재적으로 다루기 편한 연립정부 파트너가 되어 주기 때문에 국회에서 상당한 권력을 행사한다. 유대교 정당들은 유대교 학교나 자선단체 또는 공동체 복지사업에 자금을 조달하려다 보니 기본적으로 돈에 관심이 많아 자금을 확보하면 만족하는 편이다.

이스라엘 건국 당시 유대교 신학대학 학생들은 겨우 400

명에 불과했기 때문에 그때부터 초정통파 유대교도들은 병역을 면제받았다. 2014년에 와서야 2018년부터 유대교 신학대학 학생들도 병역의 의무를 이행해야 하며, 병역 기피자들에게는 형사적 제재를 가한다는 내용의 법안이 통과되었다. 이 법안은 초정통파 유대교도도 병역의 부담을 나눠지게 할 것이라는 야이르 라피드의 선거공약이었다. 이 문제는 이스라엘 사회에서 초정통파의 입지를 두고 벌어지고 있는 문화전쟁의 핵심 쟁점이다. 초정통파 측은 징병이 유대인 공동체를 위태롭게 한다며 초정통파 젊은이들은 기도와 학습을 통해 유대인들에게 봉사하고 있다고 주장한다.

다른 두 유대인 집단은 한데 묶어 종교적 시온주의자들로 분류되는데, 이 분파의 남성들은 거의 대부분 실로 짠 모자(키파)를 쓰며 유대교의 교리와 전통을 성서에 쓰인 대로 그리고 랍비가 해석한 대로 정확히 지킨다. 2017년 실시한 중앙통계국 조사에 따르면, 이스라엘 유대인 중 유대교도나 유대교 전통주의자를 자처한 사람들은 23%에 달한다. 이들은 군대에 복무하고 그중 많은 이들이 고위계급에 오르며 정치적으로는 우파 성향을 띤다. 2005년 가자지구에서 피난온 정착민들의 대다수가 이 집단에 속한다.

24%가량을 차지하고 있는 세 번째 집단은 그다지 독실하지 않은 전통주의자들이다. 이들은 각자의 생활방식에 맞게 유대교 관습을 지키고 자녀들에게도 유대교 전통을 가르쳐주지만 불필요하고 부정적이라고 보기 때문에 정식 유대교도가 되는 데는 반대한다. 어쩌면 이들은 속으로 본래의 유대교를 그대로 지켜온 신도들도 2000년이 넘도록 잘 견뎌왔으니 독실하지 않은 유대인들도 똑같이 그렇게 되지 않을까 생각할지도 모른다. 지금처럼 산다고 해서 나쁠 것이 뭐가 있겠는가?

마지막으로 전체 유대인의 44%에 달하는 세속 유대인들이 있다. 아마 이들은 자신들이 유대교에 관심이 없다고 생각하지는 않을 것이다. 어쨌든 통계에 따르면 유대교나 전통적인 유대의 관습은 세속 유대인들의 삶에 아주 깊숙이 들어와 있다. 거의 모든 유대인 남성들이 할례를 받는다. 또한 예외 없이 거의 모든 유대인 가정에서 문기둥에 메주자mezuzah(신명기의 몇 절이 기록된 작은 양피지 조각)를 붙여놓는다. 이스라엘 국적의 열세 살 유대인 소년들 가운데 유대교 성인식을 치르지 않은 아이들은 채 20%가 안 되고, 유대인 가운데 유대교 결혼식과 장례식을 치르지 않은 이들은 20%를 밑돌며, 95%가 매년 열리는 유월절 기념식에 항상 혹은 가끔 참여한다. 일부 세속 유대인들은 사실상 속죄의 날에 금식을 하고, 3분의 1가량이 가끔 혹은 항상 가정에서 유대인의 식사계율을 따른다. 세속 유대인들은 이와 같은 변칙은 신앙이 아닌 가족의 가치관에서 비롯된다고 주장한다. 어쩌면 그럴 수도 있다. 하지만 이스라엘 유대인의 87%가 하느님이 있다고 믿으며 거의 같은 수의 사람들이 모세가 시나이산에서 십계명을 받은 것이 사실일 수도 있다고 생각한다. 이와 같은 통계치는 권위 있는 구트만응용사회조사연구소에서 조사한 것으로 1993년 처음 발표되었다.

흥미로운 점은 전체 유대인의 44%에 달하는 이른바 세속 유대인들이 이스라엘의 정계, 재계, 자유 직종, 학계에서 영향력을 행사하고 있다는 사실이다. 이들은 거의 대부분 지중해 주변국이 아닌 동유럽이나 중앙유럽 출신(이민 1세 혹은 그 후손들)이다. 영향력과 인맥, 언어를 모두 갖춘 이들은 이스라엘이 진보적이고 자유분방한 사회로 비춰지는 데 큰 몫을 했다.

그 외에 아랍인, 이슬람교도, 기독교도, 드루즈인, 체르키스인, 아르메니아 출신의 비아랍인 기독교도, 모르몬교도 등 이스라엘에 살고 있는 소수집단은 모두들 저마다 고유한 신념체계와 종교적 관습을 지켜나가고 있다.

【 개혁파 유대교와 보수파 유대교 】

이산 유대인들이 바탕을 이루고 있는 개혁파 유대교와 보수파 유대교 단체들 또한 이스라엘 종교 다원성의 한 축을 담당하고 있다. 그 수는 적지만 점점 많은 세속 유대인의 배경을 지닌 이스라엘 토박이들이 보수파 유대교나 개혁파 유대교를 지지하고 있다. 2013년 예루살렘에 위치한 이스라엘민주주의연구소가 실시한 조사에 따르면, 이스라엘 국민의 3.2%가 보수파 유대교 계열이며 3.9%가 개혁파 유대교에 소속된 것으로 드러났다. 이 정도 수치는 아주 미미한 경향으로 보일 수도 있으나 세속 유대인들이 새롭게 유대인의 정체성을 깨닫고 있다는 표시이기도 하다.

수년 동안 유대력의 매월 초하루가 되면 한 무리의 유대인 여성들이 통곡의 벽에서 기도회를 열고 있다. 이들은 단체로 통곡의 벽에 대고 큰소리로 기도를 하고 토라를 읽는다. 이 여성들이 걸치고 있는 기도용 숄과 성구함(구약성서의 성구가 적혀 있는 양피지를 담은 가죽함으로, 기도할 때 하나는 이마에 하나는 왼팔에 잡아 매어놓는다-옮긴이)은 전통적으로 남자들만 착용하는 것들이다. 따라서 정통 유대교에서는 이 기도회를 용납하지 않으며 간혹 이 여성들을 반대하는 격한 시위가 벌어지기도 했다. 이에 통곡의 벽 구역 내에서 평등주의자들의 지정 기도 자리를 마련하기 위한 협상이 진행 중이다. 하지만 정통 유대교 율법학자단의 요청을 받고 정부가 망설이면서 이스라엘과 이산 유대인 공동체 간의 긴장이 감돌고 있다. 이 문제의 해결점을 찾지 못하면 양측의 골만 깊어질 위험성이 크다.

【 식사계율 】

이와 같은 유대교가 이스라엘을 찾는 이들에게 미치는 영향은 미미한 수준이다. 관광객들은 보통 유대교의 식사계율을 따르고 안식일을 지키는 정도만 숙지하면 된다. 유대교 식사계율에 따르면, 모든 돼지고기 요리와 조개류 그리고 비늘이 없는 생선류를 금하는 것 외에도 부엌과 식탁에서 육류와 우유를 철저히 분리해두어야 한다. 또한 식탁에 낼 때 육류 다음에 유제품을 내지 않도록 한다. 유대교 율법을 따르는 식당에서는 육류나 유제품 중 하나만 제공한다. 이 말은 손님들이 육류 요리를 먹은 후 아이스크림이나 크림을 넣은 디저트를 먹을 수 없고 우유를 넣은 커피를 마실 수 없다는 뜻이다.

종교 지역에 위치한 호텔들은 식사계율을 철저히 지킨다. 호텔 조식에는 전통적으로 우유가 기본으로 들어간다. 따라서 조식에 육류 요리가 나오기를 기대했다가는 실망하기 일쑤다. 대다수 관광객들은 샐러드, 치즈, 달걀, 훈제 생선, 빵, 페이스트리, 맛있는 유제품 등으로 구성된 풍성한 이스라엘의 조식 뷔페를 보고 먹을 게 너무 많다고들 한다. 하지만 베이컨을 먹고 싶은 이들은 호텔 근처나 해당 지역에서 여행자들이 자주 찾는 일반 식당들을 어렵지 않게 찾을 수 있다.

【 안식일 엄수 】

안식일은 금요일 해 질 녘부터 토요일 해 질 녘까지다. 유대교도에게 안식일은 쉬는 날이므로 운전이나 요리 등 그 어떤 일도 하지 않아야 한다. 따라서 전화가 와도 받지 않고 전등 같은 전기제품도 켜거나 끄지 않는다. 심지어 엘리베이터 버튼조차 누르지 않는 사람들도 있다. 호텔에서는 컴퓨터로 프로그램되어 있는 안식일 엘리베이터가 하루 종일 매 층마다 멈춰 가며 자동으로 오르내린다. 안식일에 대부분의 대중교통은 운행하지 않지만 도시와 도시를 오가는 셰루트라는 택시는 운행되며 대부분의 가게도 문을 닫는다. 하지만 해변은 출입이 가능하고 대다수 유흥업소, 카페, 클럽, 유대교 율법을 따르지 않는 식당들은 문을 연다. 예루살렘에서는 초정통파 유대인들이 특정 지역의 출입을 막을 수도 있다.

따라서 토요일에는 버스나 기차를 타고 여행할 생각은 하지 말아야 하고, 쇼핑하러 나갈 계획도 세우지 말아야 한다. 또한 토요일에 유대교도 친구들이나 직장동료가 전화를 하거나 받지 않는다고 해서 놀라지 마라.

가정생활

이스라엘 사회는 여전히 전통적인 성역할이 자리하고 있어서 여자가 아내와 어머니의 역할을 수행하고 남자가 가장인 가정을 이상적으로 여긴다. 가정의 생활수준을 높이기 위해 일하는 여성들이 많아지면서 맞벌이 가정이 흔한데도 여성들은 사실상 남성들에 비해 독자적인 커리어를 쌓기가 어렵다. 또한 고액 연봉을 받고, 동종업계나 회사에서 정상의 자리에 있거나 자신의 사업체를 운영하고 있는 여성들조차도 가정에서는 여전히 가사와 자녀양육을 책임진다. 이런 책임에서 자유로운 남성들은 이와 같은 집안일을 돕는 데 그친다.

이러한 상황임에도 이스라엘 사람들은 늦게 결혼하고 이혼

율도 높다. 전통을 엄격히 따르지 않는 유대인과 세속 유대인들은 대체로 혼전 성관계에 관대한 편이며 동거 또한 흔해졌다. 아이를 낳는 일의 중요성을 강조하는 사회분위기와 경제적으로 자립하는 여성들이 많아지면서 한부모가정 또한 점차 늘어나고 있는데, 이들 가정이나 동성커플을 손가락질하는 일은 거의 없다.

이스라엘 사람들의 삶에서 가족은 여전히 큰 비중을 차지한다. 금요일 밤은 가족이 모여 즐거운 시간을 보내기 좋은 날이다. 안식일을 함께하기 위해 자식들과 손주들이 부모와 조부모의 집으로 모이는데, 이와 관련해서는 이스라엘의 국토가 크지 않은 것이 오히려 도움이 된다. 어디에 살든 안식일 모임에 참석하는 것 자체가 불가능할 만큼 먼 거리는 아니기 때문이다. 일부 가정에서는 (특히 안식일에 운전을 하지 않는 신앙심이 깊은 가정에서는) 가족 모두 자고 가기도 한다. 안식일 모임은 부모나 형제들의 집에서 돌아가며 갖게 되는데 종종 친구나 손님 또는 일가친척을 초대하기도 한다.

세속인 가정에서는 가족들이 한데 모여 금요일 점심이나 일요일 브런치를 즐긴다. 유대교를 믿지 않는 가정에서는 흔히 토요일마다 식당에서 만나 점심을 함께하기 때문에 주말에 긴 테이블에 앉아 큰 소리로 대화를 나눌 만큼 많은 식구들이 모여 식사하는 광경을 심심찮게 볼 수 있다. 이런 주말 모임은 유대교 휴일마다 되풀이된다.

조부모는 종종 경제적 지원뿐만 아니라 손주들을 돌봐주는 것은 물론 등하교시키고, 친구 집이나 방과후 활동에 데려다주고 데려오는 등 자식들의 도우미로 나서곤 한다. 선물을 주고받는 문화도 여전해 이스라엘 사람들은 행사가 있을 때마다 축하선물을 듬뿍 주는 편이다.

친교와 친목모임

이스라엘에서 외향적이고 사교적인 사람이라는 말은 대단한 칭찬이다. 남들과 어울리기 좋아하는 이스라엘 사람들은 학교 동창이나 동네 친구들과 깊고 변치 않는 우정을 나누지만 애국심이 뿌리내리는 군대에서 만난 이들과 가장 끈끈한 우정을 쌓는다. 많은 젊은이들이 군복무를 마친 뒤 군대 동기들과 함께 세계 방방곡곡을 여행하기도 한다. 결혼을 했거나 앞두고 있는 젊은 커플들은 서로의 친구들과 친하게 어울린다. 함께 여행이나 소풍을 가기도 하고, 해변이나 술집 또는 식당에서 외식을 함께하기도 한다. 각자 가정을 꾸리면 저녁에 돌아가지만, 친구집에 모여 커피와 케이크를 즐기며 농담을 주고받고 정치 토론을 벌이거나 최근에 있었던 좋은 일과 나쁜 일들을 털어놓는다.

단체로 모여 우의를 다지는 동창회는 정부, 지방자치단체, 공공기관, 국공립단체, 그리고 일반 기업체 등에 널리 퍼진 학연 편애로 이어진다.

타인에 대한 태도

전체적으로 이스라엘 사람들은 서로를 아주 존중하다 보니 같은 이스라엘 사람이 성공하면 자기 일처럼 기뻐한다. 이스라엘 국민은 자신들이 유연하고 꾀바르고 관대하며, 솔직하고 애국심이 강하며, 용감하고 따뜻하고 까다롭지 않다고 여긴다. 다른 한편으로는 자신들이 지나치게 자신만만하고 남의 말을 잘 듣지 않으며, 약간 거칠고 위험을 무릅쓰는데다 다소 무법자 같은 면이 있음을 인정한다. 물론 이런 특징을 대수롭지 않게 여기지만 말이다.

하지만 자세히 들여다보면 사정은 꽤 다르다. 이스라엘 사람들은 아주 친밀한 사이가 아닌 사람들에게는 경쟁심을 보이고 재단하려들 뿐만 아니라 비판적인 편이다. 또한 칭찬에 인색하고 남을 잘 믿지 않아서 히브리어로 타인의 불행은 나의 기쁨이라는 뜻의 표현simha l'ed이 있을 정도다.

동료를 일컬을 때는 멍청이, 바보, 사기꾼, 미친놈 등의 표현을 거리낌 없이 쓰기도 한다. 적에게 포위된 나라에서 사는 압박감과 그에 따른 긴장감 때문에 첫인상부터 안 좋게 보기 일쑤다.

이스라엘 사람들의 대인관계 태도가 이와 같은 데는 다른 이유도 있다. 기성세대에게는 여전히 이민 이전 시절의 편견이 남아 있다. 일례로 리투아니아 사람들과 폴란드 사람들은 서로를 멸시하고, 독일계 유대인들은 제일 잘났다는 생각에 사로잡혀 있어서 융통성이 없으며 속물이라는 소리를 듣는다. 서유럽 출신 이민자들은 동유럽 출신 이민자들에게 우월감을 갖고 있는 등 다양한 인종이 모여 살다 보니 서로 다른 배경만큼 편견도 많다.

이스라엘에서 중부·동부 유럽 출신의 유대인들인 아슈케나지는 독일 유대교의 예배의식을 따르며, 주로 아랍과 이슬람권 출신의 유대인들인 세파르디는 스페인 유대교의 예배의식을 따른다. 그런데 아슈케나지는 세파르디에게 애증이 엇갈리는 태도를 보이는 데 반해 세파르디는 아슈케나지를 별로 좋아하지 않는데, 사실 세파르디는 아슈케나지에게 불만을 품었던 내력이 있다.

이스라엘에서 나고 자란 사브라는 평상시라면 전반적으로 부모세대와 달리 편견 없이 대하지만 대립하는 상황에서는 구세대의 태도를 보일 수 있다. 또한 정치계나 종교계처럼 분쟁의 여지가 많은 분야와 배경 또는 행동규범이 제각각인 사람들이 조밀하게 모여 사는 여러 지역에서는 여유롭고 단일한 환경에서보다 마찰이 일어날 가능성이 높다.

반면 대체적으로 이스라엘 사람들은 불만을 품지 않는 편이며, 안 좋았던 첫인상을 빨리 바꾸거나 잊어버리고 다시 시도하며 기꺼이 친구가 되어 준다.

소수자에 대한 태도

이스라엘 사람들이 소수자를 대하는 태도는 천차만별이다. 아랍인이 아닌 기독교도, 드루즈인, 체르케스인에게는 점차 우호적으로 대한다. 하지만 아랍계 이스라엘인에게는 의심의 눈초리와 (아슈케나지가 내보이는) 불신과 혐오로부터 유대인이 박해를 당했던 아랍 국가 출신 여러 세파르디들이 간혹 드러내는 노골적인 증오까지 온갖 태도를 보인다. 반면 이스라엘 국적의 기독교도 아랍인들에게는 대체로 호의적이다.

분쟁 지역에서 충돌이 계속되고 있다 보니 유대인과 아랍인의 관계가 복잡하게 꼬여있음에도 아랍인과 유대인 사업가, 아랍인 식당이나 가게 주인과 고객들, 그리고 관광업, 농업, 공업, 상업분야에서 함께 일하고 있는 아랍인과 유대인 노동자들 간 소통은 놀라울 정도로 많고 훈훈하게 이루어진다. 예술이나 언론 등의 분야에서는 유대인과 이스라엘 아랍인, 심지어 팔레스타인 사람들까지 참여하는 수많은 단체와 종교를 초월한 여러 기획사업을 통해 평화, 다원성, 인권, 민주주의 같은 공동의 목적을 위해 함께 일하면서 아랍인과 유대인들이 깊은 우정을 쌓는다.

전쟁과 이스라엘 사람들의 정신세계

이스라엘이 건국 이후 벌인 전쟁을 통틀어 2차 인티파다가 여러 면에서 가장 무시무시했다. 수년 동안 버스와 카페, 시장 등에서 자살폭탄 테러가 발생해 수천 명의 이스라엘 민간인이 목숨을 잃고 부상을 당하면서 나라 전체는 전쟁터가 되었다. 이스라엘 사람들은 이 충돌 때 외부세계가 자신들을 피해자로 충분히 인정해주지 않았다고 생각한다.

인티파다는 그동안 유대인과 아랍인이 공존하는 분위기를 조성하기 위해 애쓴 많은 이스라엘 사람들의 의지를 시험에 들게 했다. 정치적으로 좌파 성향인 이들까지도 팔레스타인 사람들의 진심을 의심하게 되었다. 안타깝게도 수년이 흘렀지만 이런 마음은 사그라들지 않았고 사람들에게는 여전히 상처로 남아 있다.

유머

유머는 훌륭한 방어기제다. 유대인의 역사에 있어 웃음은 유대인들이 참사에서 삶을 이어나가는 데 큰 힘이 되었고, 매일 어려움에 처해도 대처할 수 있게 해주었다. 유대인식 유머의 바탕은 삶의 지혜라서 보편적인 것에서 나온다. 유대인은 자신은 물론 삶의 부조리와 인간의 약점을 비웃는데 이스라엘식 유머는 더욱 난해하다. 마침내 고국의 주인이 된 이스라엘 사람들은 인간이 처한 보편적인 조건보다 일상의 상황을 웃음의 소재로 더 많이 활용했다. 이스라엘 사람들은 정치·사회·경제상황이나 시사 또는 사람들을 소재로 농담을 주고받는 편이다. 새로운 이민자들이 들어올 때마다 유머소재는 더욱 풍부해진다. 오늘의 뉴스는 내일의 농담거리가 된다. 이스라엘 사람들은 탁월한 풍자가이며 종교와 무관한 일반인들에게는 어떤 것도 신성시되지 않는다. 이들은 자신보다 타인을 잘 비웃는다. 또한 서로 상대의 가식, 인종적 배경, 우상, 신조 등을 즐겨 놀린다. 텔레비전 방송과 활자매체는 정부, 스포츠, 대기업, 군대 등의 부패를 풍자하여 비꼰다. 신성불가침의 영역은 없으며, 풍자 개그는 성적 농담 못지않게 인기가 많다.

03

관습과 전통

유대인의 최대 명절인 유월절은 보통 4월에 찾아온다. 유대교도와 세속 유대인 모두가 기념하는 유월절은 유대인이 이집트의 노예생활에서 해방된 날을 기린다. 일주일 동안 이어지는 유월절 축일은 유월절 음식을 먹는 것으로 시작하며 학교는 휴교하고 다른 사업장은 반나절만 문을 연다.

유대교 축일과 공휴일

유대교 축일은 그레고리력이 아닌 (1태양년을 뼈대로 12태음력으로 이루어진) 유대력에 따라 기념된다. 모든 유대교 축일은 전날 해 질 녘에 시작해 당일 해 질 녘에 끝난다.

【 대제일(大祭日) 】

유대교 신년제(로슈 하샤나)

양력으로 대개 9월에 맞이하는 이틀의 신년 축일을 시작으로 열흘간의 참회와 성찰이 이어진다. 유대교 전례문에 나오는 하느님은 권좌에 앉아 각 개인의 앞으로 1년 동안의 운명을 결정하는 천국의 왕이다. 따라서 유대인들은 참회의 기도로 은총을 구하고 풍성한 한해가 되기를 빈다. 또한 하느님이 불쌍히 여기시리라는 믿음을 보여주기 위해 즐겁게 신년을 축하한다. 안식일과 마찬가지로 신년제Rosh ha-Shana 동안 이스라엘의 모든 상점이 문을 닫는다. 가족들은 전통에 따라 나팔소리에 맞춰 유대교 회당에 모여 예배를 올린 뒤 함께 모여 푸짐한 저녁을 먹는다. 축일이 시작되는 해 질 녘에 촛불을 켜고 행복하고 풍요롭고 달콤한 신년이 되기를 기원하는 의미로 사과와 석류,

꿀로 식탁을 장식한다. 가족들은 선물과 연하장을 주고받으며 친구나 직장 동료에게는 미리 이메일로 축하인사를 보낸다. 이들은 전통에 따라 풍성한 한해가 되기를 기원한다.

속죄일(욤 키푸르)

신년제가 끝나고 여드레 동안은 유대력에서 가장 신성한 날인 속죄일Yom Kippur이다. 이 기간에는 하루 동안 금식을 하고, 하느님뿐만 아니라 자신의 주변 사람들에게 그동안 지은 죄를 회개한다. 속죄일이 시작되는 날 해 질 녘부터 다음 날 밤 첫 별이 나타날 때까지 라디오와 텔레비전도 끄고 도로에 차들도 다니지 않는 등 25시간 동안 아무 일도 하지 않는다. 유대교 회당은 사람들로 가득하다. 속죄일에는 누구도 운전하지 않아서 세속 유대인 가정의 아이들은 떼 지어 자전거를 타고 나와

평소 차들로 가득한 도로를 거침없이 내달린다. 호텔은 금식을 하지 않는 투숙객에게 제한적인 룸서비스 메뉴를 제공한

다. 전통에 따라 "생명책에 이름이 기록되길 빈다$^{Gmar\ Hatima\ Tova}$"
라고 인사하며, 나팔 불기를 끝으로 저녁예배가 마무리된다.

【 초막절 】

속죄일이 끝나고 닷새 동안은 유대교 명절 가운데 가장 행복한
축일인 초막절 절기로서 하느님의 은혜와 보호하심을 기념한다.
초막절은 이집트 탈출과 가을의 첫 수확, 첫 비를 축하하는 날
이다. 유대인들은 사막을 떠돌던 시절에 살았던 임시 거처를 기
념하기 위해 이스라엘 전역에 수천 개의 초막을 세운다. 이들 초
막은 오두막처럼 생긴 것으로 종려나무 잎사귀, 시트론 나무
껍질, 도금양 잔가지, 버드나무 가지 등으로 지붕을 엮은 단순
한 구조물이다. 가족 모두 초막에 들어가 여드레 후에 맞이하는
다음 축일 율법 감사절까지 매 끼니를 그 안에서 해결한다. 초
막절 기간에 학교는 휴교하고 많은 기업체는 반나절만 근무한
다. 전통에 따라 '행복한 축일'을 맞으라는 인사말을 주고받는다.

【 율법 감사절 】

이 축일은 '율법을 크게 기뻐하는' 날로 매년 토라(모세 5경)를
완독하고 다시 읽기에 들어가는 것을 축하한다. 인상적이게도

율법 감사절에는 정통파 유대교도와 일반 유대교도가 팔에 토라의 두루마리를 걸친 채 흥겹게 춤을 추면서 신명기의 마지막 장과 창세기의 첫 장을 낭독한다. 유대교 회당에서는 예배가 끝난 뒤 아이들에게 사탕을 나눠준다.

1년 중 이맘 때 이스라엘 사람들은 '축일 전'이나 '축일 후'라는 말을 많이 사용한다. 모든 일을 율법 감사절 이후로 미루고 그 전에는 거의 아무런 일도 하지 않기 때문이다. 따라서 신년제와 율법 감사절 절기에 출장을 계획하고 있다면 이 점을 명심해야 한다.

【하누카】

성서시대 이후에 생긴 빛의 축일 하누카^{Hanukkah}는 보통 12월에 찾아온다. 하누카는 기원전 2세기에 마카베오 가문이 이끄는 유대인들이 예루살렘 성전을 훼손한 그리스의 셀레우코스 왕조에게 승리한 것을 기념하는 축일이다. 하누카 축제가 이어지는 아흐레 동안 성전의 기적을 기념하기 위해 밤마다 촛불을 밝힌다. 성전의 기적이 일어났던 날, 성전에는 하루치 성유밖에 공급되지 않았는데 촛불이 무려 여드레 동안이나 환하게 타올랐다고 한다. 하누카 절기에 학교는 휴교에 들어가지만 그 밖의 사업장은 보통 때와 다름없이 영업한다. 매일 저녁

가족과 친구들이 모여 촛
불의식을 치르는데, 첫째
날은 1개, 둘째 날은 2개
를 켜놓는 방식으로 여드
레 동안 촛불을 밝혀 마지
막 밤이 되면 8개의 촛대
에서 촛불이 타올라 장관
을 이룬다. 하누카를 기념하는 축일 노래도 있고 도넛과 감자
튀김 같은 기름에 튀긴 전통 간식도 판매된다. 아이들은 보통
팽이나 동전 같은 선물을 받는다.

【 부림절 】

부림절Purim은 초봄(보통 3월)
에 맞이하는 축일로 유대
인들의 잔칫날이다. 누구보
다 아이들이 가장 좋아하
는 부림절은 기원전 5세기
고대 페르시아의 왕 아하
수에로(크세르크세스)의 아

름다운 유대인 왕비 에스더와 그녀의 사촌 모르데카이가 사악한 총독 하만이 꾸민 집단학살로부터 페르시아의 유대인들을 구해낸 날을 기념한다. 부림절에는 흥겹게 웃고 떠들어야 한다. 보이는 게 다가 아니며 하느님은 신비로운 일을 하신다는 것을 보여주기 위해 변장을 하고 권위를 비웃는 일이 용납되기 때문에 아이들은 물론 종종 어른들까지도 알록달록한 부림절 의상을 입어 거리는 카니발 축제장으로 변신한다. 부림절에는 하만타셴hamantaschen이라는 삼각형 모양의 과자를 먹는다. 학교와 가정에서는 가장 무도회가 열리고 봄꽃이 만발한 시골은 소풍 나온 가족들과 친구들로 북적인다.

【 유월절 】

유대인의 최대 명절인 유월절은 보통 4월에 찾아온다. 유대교도와 세속 유대인 모두가 기념하는 유월절은 유대인이 이집트의 노예생활에서 해방된 날을 기린다. 일주일 동안 이어지는 유월절 축일은 유월절 음식을 먹는 것으로 시작하며 학교는 휴교하고 다른 사업장은 반나절만 문을 연다. 이 기간에 가족들과 일가친척들은 한데 모여 만찬을 즐기면서 함께 하가다 Hagaddah(노예생활과 해방의 출애굽 이야기를 기록한 얇은 책)를 큰 소리로 읽고 하느님께 바치는 찬미가를 부른다. 유월절 기간에는 빵이나 밀가루 또는 효모가 들어간 제품은 전혀 먹지 못할 수도 있다. 그래서 빵 대신 고대 이집트에서 히브리인들이 먹었던 이스트를 넣지 않은 '고난의 빵'인 무교병matza을 먹는다.

많은 호텔이 내국인 투숙객과 외국인 관광객들이 단체로 즐길 수 있는 유월절 축제를 준비한다. 하가다의 마지막 문장은 "내년에는 예루살렘에서"라고 기약하고 있어서 전 세계 유대인들은 이스라엘에서 이 봄 축제를 즐기기를 학수고대한다. 당연히 유월절 절기는 이스라엘에 가장 많은 관광객이 몰리는 시기이며, 유월절의 첫째 날과 마지막 날은 공휴일이다.

【 제33일절 】

유월절에서 오순절까지의 7주간 중 오메르Omer(새로 수확한 보릿단)의 제33번째 날은 애도기간에 잠시 쉬는 축일이다. 이 날에는 결혼식을 올릴 수 있고 음악도 즐길 수 있다. 독실한 신자들은 사페드 인근의 메론에 있는 2세기 때의 신비주의자 시몬 바르 요하이Shimon Bar Yochai의 무덤으로 성지순례를 떠난다. 또한 모닥불을 피우고 정통파 유대교도인 세 살짜리 남자 아이들은 생애 최초로 이발을 한다.

【 오순절 】

오순절(성령 강림절)은 대개 5월에 찾아온다. 원래 밀 수확을 축하하는 날이었던 오순절은 모세가 시나이산에서 십계명을 계

· 모닥불이 타오르는 밤 ·

슈퍼마켓에서 카트가 눈에 띄게 부족하면 제33일절이 머지않았다는 증거다. 젊은이들이 카트를 끌고나와 거리와 건설현장을 돌아다니며 모닥불 재료로 쓸 목재를 카트에 한가득 담아 제33일절까지 안전한 장소에 보관하기 때문이다. 모닥불을 피우는 이유는 제33번째 날에 죽은 랍비 시몬 바르 요하이가 거대한 불꽃을 세상에 가져다준 것을 기리기 위해서다. 모닥불이 타오르는 밤에는 창문을 모두 닫아두는 것이 좋다. 이스라엘 전역에서는 이러한 관습을 굉장히 철저하게 지킨다.

시받은 것을 기리는 축일이다. 경사스러운 축일인 오순절에는 유대교 회당을 꽃으로 장식하고, 여러 키부츠에서 연극 같은 흥겨운 볼거리를 상연하며, 아이들은 흰색 옷을 입고 화관을 쓴다. 오순절에는 전통에 따라 블린츠(치즈나 잼 등을 넣어 구워낸 팬케이크-옮긴이)나 치즈케이크 같은 유제품이 포함된 음식을 먹는다.

【 홀로코스트 순교자와 영웅 추모일 】

유월절 직후 맞이하는 이 날에는 홀로코스트 때 희생된 650만 명의 유대인과 수용소에서 나름의 방식으로 저항하거나 반나치 봉기를 일으키거나 또는 게릴라가 되어 나치와 맞서 싸웠던 유대인들을 추모한다. 오전 10시에 사이렌이 울리면 모든 국민이 차려 자세로 서서 2분간 묵념한다.

【 영령 기념일 】

홀로코스트 희생자들을 애도하고 일주일 뒤, 이스라엘은 고국을 지키다가 전사한 호국영령들에게 경의를 표한다. 영령 기념일 전날 오후 8시와 다음 날 오전 10시에 사이렌이 울리면 국민들은 2분 동안 묵념을 올리고, 이날 식당과 유흥업소는 문을 닫는다.

【독립 기념일】

1948년 5월 14일 이스라엘의 국가 수립 선포를 기념하는 축하 행사는 영령 기념일 해 질 녘에 시작된다. 이스라엘의 독립 기념일은 국경일로 각종 파티가 열리는 날이자 시골로 여행을 떠나는 날이며 바비큐 파티와 모임이 있는 날이다. 건국 초기에는 독립 기념일에 군대 열병식이 펼쳐졌지만 이후 공중분열식과 해군의 전시 행사로 대체되었다.

이슬람교와 기독교 축일

이슬람교도에게 가장 신성한 축일은 아브라함이 자신의 아들(이슬람교에서는 이삭이 아니라 이스마일이다)을 대신해 양을 제물로 바친 것을 기념하는 희생절 '에이드 알-아다Eid el-Adha'가 아닐까 싶다.

라마단은 태음력인 이슬람력의 아홉 번째 달로 천사 가브리엘이 예언자 무함마드에게 코란을 계시한 달이라고 한다. 이 기간 동안 이슬람교도는 동틀 녘부터 해 질 녘까지 금식한다. 라마단이 끝나면 '에이드 알-피트르Eid el-Fitr'라는 사흘간의 축제가 이어진다. 금요일과 이슬람교의 축제일은 이슬람교 공휴일이다.

기독교도가 기념하는 기독교 축일은 종파에 따라 기념하는 날짜도 다르다. 물론 크리스마스와 부활절이 가장 중요한 축일이다. 참고로 예루살렘에는 기독교 정보센터가 있다.

통과의례

【 할례 】

유대인 남자 아이는 생후 8일째 할례의식을 받는 자리에서 정식으로 이름을 갖게 된다. 여자 아이에게는 생후 처음 맞이하는 안식일에 정식으로 이름을 지어준다.

생후 8일째 되는 날에 집이나 할례의식장에서 가족과 친척들이 지켜보는 가운데 남자 아기의 성기에서 포피를 제거한다. 숙련된 모헬mohel(할례의식을 해주는 사람)이 할례를 집도하고 의식

이 끝나면 모든 하객들을 초대해 음식을 대접한다. '브리트brith'
는 '계약'이라는 뜻이다. 따라서 할례의식은 하느님과 아브라함
의 계약에서 유래된 것으로 아이가 유대인이 되었음을 확인해
주는 의식이다. 아이가 조산아거나 건강하지 않으면 할례를 연
기할 수 있다. 할례를 축하하는 파티는 조용한 가족행사부터
많은 음식을 장만하는 잔치까지 다양하다. 세속 유대인들 사
이에서는 집에서 할례의식을 치르고 나중에 파티를 여는 방식
이 점점 유행하고 있다.

【 아들의 속죄식 】

첫째 아들이 하느님의 소유임을 공식화하는 이 고대 레위지파
의식Pidyon ha-Ben은 남자 아기가 생후 30일이 되면 치른다. 사제
의 축복이 끝나면 축하 파티가 열린다.

【 성인식 】

유대교에서는 남자 아이가 열세 살, 여자 아이가 열두 살이 되
면 대부분의 종교적 결심을 책임질 수 있는 성인으로 간주한
다. 따라서 이때부터 아이들은 계명을 지켜야 한다. 이와 같은
변화를 알리는 성인식에서 남자 아이는 회중 앞에서 토라를

읽는다. 아이의 가족들에게 이는 굉장히 중요한 일이며 유대교 회당이나 통곡의 벽에서 이렇게 종교적 의식을 치르고 나면 간단한 다과회가 열린다. 또한 점심이나 저녁 때 성대한 축하 파티를 열기도 한다. 이런 파티에는 가족과 친구들뿐만 아니라 회사 고객, 직장 상사와 동료, 지인들까지 초대한다. 파티에 초대받은 사람들 모두 두둑한 선물과 현금을 준비해온다.

여자 아이들도 성인식을 치르지만 대개 여러 명이 함께 조촐하게 치르는 편이다.

연애와 결혼

초정통파 유대교도를 제외하고 서구 사회 어디에서든 연애하는 모습은 다 비슷하다. 남녀가 만나서 서로 좋아하고 한동안 데이트를 하며 친밀한 관계로 발전하고, 거처를 합쳐 함께 살다가 마침내 결혼하기로 마음먹는다. 아니면 두 사람이 헤어져서 다른 누군가와 이 과정을 다시 시작한다.

초정통파 유대교도의 연애는 사뭇 다르다. 대체로 중매쟁이가 나서서 젊은 사람들의 만남을 주선하고, 해당 남녀는 서로 잘 맞을지 알아보기 위해 호텔 로비 같은 공공장소나 여자 측 보호자의 입회하에 처음 만난다. 이어 물이나 콜라 한 잔을 앞에 두고 서로 질문을 주고받으며 각자 인생의 포부와 목표를 밝힌다. 그런 다음 서로 맞는다 싶으면 좀 더 만나본 뒤 가족과 부부 재산계약에 대해 상의하고 결혼식을 올린다.

【 결혼식 】

유대교 결혼식(이스라엘에는 종교의식을 따르지 않는 신고 결혼이 아예 없다)에는 **최소한 랍비, 후파**huppah(결혼식용 차양으로 네 귀퉁이에 기둥을 세우고 위쪽에만 덮개를 씌워 사방이 훤히 트여 있다. 가까운 가족이나 신랑 친구들이 네 기둥을 붙잡고 있기도 한다), 반지교환, 2명의 증인 앞에서 결혼 서약하기가 꼭 있어야 한다. 신랑 신부와 양가 부모 그리고 랍비는 후파 아래 선다. 축복의 기도를 올리고 신랑이 신부에게 반지를 끼워주면 아람어Aramaic(예수와 그 제자들이 썼던 언어)

로 쓰고 두 명의 증
인이 서명한 결혼 서
약서를 전통에 따라
큰 소리로 읽는다. 이
어 신부가 신랑의 주
위를 일곱 바퀴 도는
7가지 축복이 펼쳐
진다. 신랑은 신부에
게 키스를 하자마자
(보통 냅킨으로 감싸놓은)

유리컵을 밟아 깨뜨린다. 이 의식은 고대 예루살렘의 성전이
파괴되었을 때의 서러움을 떠올리고 기억하자는 의미이자 행
복은 결코 저절로 오는 것이 아니니 함께 노력하라는 뜻이라
고 한다.

결혼 피로연은 성대하고 흥겹게 치러진다. 초정통파 유대교
도들은 유대교 회당에서 따로 앉듯 피로연에서도 남녀가 따로
밥을 먹고 춤을 춘다. 피로연은 풍성한 축하행사라 양가 부모
의 형편이 넉넉지 않을 때 결혼식 비용에 보탬이 되도록 하객
들이 후한 선물을 하곤 한다.

결혼식 비용은 대개 양가 부모가 공동으로 부담한다. 결혼식 장소는 급속하게 늘어나고 있는데 도심의 웨딩홀, 과수원 등 야외, 키부츠, 해변, 비옥한 해안 평야 등 다양하다. 종종 하객들이 결혼식에 참석하기 위해 먼 거리까지 차를 타고 가야 할 때도 있다. 세속 유대인 중에는 해외로 가서 종교의식 없는 결혼식을 올리고(키프로스가 인기 지역이다) 귀국해서 피로연을 여는 이들도 있다.

장례 문화

유대인의 전통적인 장례문화에는 죽은 자에게 경의를 표하고 산 자를 위로하는 두 가지 목적이 담겨 있다.

장례와 관련된 실질적인 일들은 장례비보험조합이 맡아 처리한다. 이들 조합은 이스라엘 전역에 묘지를 보유하고 있는데, 일부 영국식 묘지도 있긴 하지만 대부분은 돌무덤이 줄지어 있는 형태다. 또한 묘지가 나무 그늘 아래인 곳도 있고 아닌 곳도 있다. 비용이 꽤 비싸서 그렇지 특정 종교와 관련 없는 묘지 또한 전국에 퍼져 있는데, 이런 묘지들은 키부츠 경내에 있어서 여느 곳보다 평화롭고 아름답다.

유족들은 장례식을 마치고 7일간의 깊은 애도기를 갖는다. 대개 고인의 집에서 고인의 부모, 자녀, 배우자, 형제자매가 함께 모여 충분히 슬픔을 나눈 뒤 천천히 일상으로 돌아온다. 애도기간에는 친구, 이웃, 친척, 직장 동료들이 방문해 조의를 표하는데, 이때 유족들이 음식 준비를 할 필요가 없도록 많은 이들이 음식을 가져다준다.

04

친구 사귀기

이스라엘 사람들은 너그러움을 최고의 미덕으로 여긴다. 그래서 누구도 인색한 사람으로 낙인찍히는 것을 바라지 않는데, 이런 경향은 선물 문화에도 고스란히 배어 있다. 결혼식과 기념일 선물의 경우에는 극단적이지만 선물의 크기로 우정의 가치를 표현하는 편이다.

이스라엘 사람들은 주변에 친구들이 많고 떼를 지어 다니기를 좋아해서 외부인은 그만큼 이들 집단에 끼기가 힘들다. 그렇다고 이스라엘 사람들이 새로운 친구를 사귀지 않는다는 뜻은 아니다. 따라서 무리를 벗어나 다양한 필요에 의해서 이들과 새로운 인간관계를 맺을 기회가 있을 것이다. 스포츠, 취미, 문화활동, 직업적·사업적 관심사 같은 공통의 관심사를 바탕으로 외부인도 이들과 친구가 될 수 있으며, 이렇게 맺어진 관계는 같은 경험에서 비롯된 친교만큼 오래가고 보람될 수 있다. 하지만 이스라엘 사람과 진정한 우정을 나누려면 단순히 좋은 친구가 되거나 서로 잘 맞기만 해서는 안 된다. 의리를 지켜야

하고 시간을 투자해야 하며, 때로는 불편도 감수해야 하고, 심지어 극단적인 상황에서는 위험을 무릅써야 하기 때문이다. 그만큼 책임과 기대치가 높다는 말이다.

환대

이스라엘 사람들은 따듯하고 친절하며 가정과 가족에 대한 자부심이 커서 집으로 손님을 즐겨 초대한다. 집안 환경에 따라 여러 자리에 손님으로 초대받을 수 있다. 금요일 밤 안식일 만찬 때나 다른 축일 행사 자리, 또는 친구들과 토요일 브런치나 바비큐 파티를 즐기는 자리, 늦은 오후 커피와 케이크를 먹는 자리, 또한 저녁 식사를 마치고 심야에 초대받을 수도 있고 식당이나 술집 또는 클럽으로 초대할 수도 있다. 대다수 사업 관련 접대는 집 밖에서 이루어진다. 또한 이스라엘 사람들은 애국자라서 손님들에게 관광명소를 즐겁게 안내한다.

【초대】

집에서 열리는 저녁 만찬 시간은 보통 저녁 7시에서 9시 사이다. 몇 시가 됐든 제시간에 도착하라. 또한 이스라엘 사람들은 시간을 잘 지키는 편이 아니니 본인이 제일 먼저 도착한 손님이더라도 놀라지 마라. 집으로 초대받았을 때는 집주인에게 줄 작은 선물을 준비하는 것이 관례이며 옷차림은 넥타이와 양복이 아닌 단정한 캐주얼 복장이 좋다. 이스라엘의 가정은 무척 다양하기 때문에 어떤 대접을 받을 것이라고 일반화하기는 어렵다. 다만 어느 가정이든 손님을 대접하는 모습에는 그 집안의 관습과 전통이 반영되어 있다. (유대교도 가정이든 세속 유대인 가정이든) 서구화된 가정이라면 진수성찬에 와인과 대화가 오고가는 익숙한 풍경이 펼쳐질 것이다.

이스라엘 사람들은 과음을 하지 않지만 대다수 가정에서는 식전주(보통 와인이나 청량음료)를 대접하며 음식과 함께 와인을 낸다. 관습이 바뀌고 있어 일부 가정에서는 도수가 높은 술을 삼가고 식전 칵테일을 마시기도 한다.

안식일 만찬 때는 보통 가족이 모두 모이므로 식탁에서 아이들이 쾌활하게 대화를 나누는 모습을 볼 수 있다. 유대교 전통을 따르는 가정은 물론 많은 세속 유대인 가정에서는 해질 녘에 안주인이 안식일 촛불을 켜면 식사 전 전통에 따라 가장이 안식일 기도문을 낭송하고 축복의 기도를 올리는데,

그러는 동안 모두들 그대로 서서 자리를 지킨다.

식사 예법은 서구식이다. 음식이 담긴 접시가 돌아가고 저마다 손님에게 관심을 표한다. 일부 가정에서는 손님이 첫술을 뜰 때까지 기다렸다가 먹기 시작한다. 따라서 모두 음식을 받아들고도 아무도 먹지 않는다면 손님이 먼저 수저를 들어 다른 이들을 구해주어야 한다. 몇 차례 더 음식을 권할 때마다 손님이 흔쾌히 받아들이면 안주인은 칭찬으로 이해하고 크게 기뻐한다. 식사를 마치면 나이프와 포크는 접시 위에 11자 모양으로 가지런히 놓는다. 가사도우미가 없는 집에서는 손님이 집주인을 도와 식탁을 치우는 것이 관례다. 만찬이 끝나면 어떤 집주인은 손님들이 늦은 밤까지 머물다 가기를 바라고 일부는 손님들이 빨리 돌아가기를 바란다.

토요일 브런치 모임은 유쾌한 행사로 보통 오후 1시경 시작해 마지막 손님이 떠날 때까지 이어진다. 이 모임은 더없이 편한 자리이므로 면바지와 티셔츠 차림이면 무난할 것이다.

늦은 오후 커피와 케이크를 먹는 자리에 초대받으면 말 그대로 커피와 케이크만 먹게 될 것이다. 하지만 저녁 식사 이후 커피와 케이크를 나누는 자리에 초대받으면 저녁을 굶어 배를 비우고 가도록 하라! 커피와 케이크가 나오기 전 맛있는 음식이 줄줄이 나올 텐데 잘 먹지 않으면 그 집 안주인의 기분이 몹시 상할 테니까 말이다.

선물

이스라엘 사람들은 너그러움을 최고의 미덕으로 여긴다. 그래서 누구도 인색한 사람으로 낙인찍히는 것을 바라지 않는데, 이러한 경향은 선물 문화에도 고스란히 배어 있다. 결혼식과 기념일 선물의 경우에는 극단적이지만 선물의 크기로 우정의 가치를 표현하는 편이다. 이스라엘 사람이라면 누구나 자신의 선물이 해당 행사에 유익하게 사용될 수 있음을 잘 알고 있다.

특히 결혼식 선물은 신혼부부가 새로운 가정을 꾸리는 데 보탬이 될 수 있다. 이런 이유 때문에 종종 선물로 현금을 선호하곤 한다. 따라서 결혼식에 초대받으면 관련 가족과의 친밀도에 따라 액수가 다르기 때문에 어느 정도로 해야 할지 현지 이스라엘 친구에게 자문을 구하는 것이 제일 좋다. 종종 식장 입구에 봉투가 준비되어 있기도 하다.

이스라엘 가정에 초대받으면 그리 크지 않은 선물을 준비하는 것이 관례다. 초콜릿, 와인, 비누, 양초, 또는 자국의 특산품 등을 가져가면 좋아할 것이다. 꽃은 언제나 환영받는 선물이다. 특히 꽃을 전날 보내면 손님을 맞이하면서 꽃병을 찾아야 하는 수고로움을 덜 수 있어 더 고마워할 것이다.

초대해준 집이 유대교 율법을 따르는지 아닌지 확실하지 않으면 유대교 율법에 따라 제조된 것이 아닌 외국산 와인이나 초콜릿을 가져가 그 집의 종교적 감수성을 해치지 않도록 유의하는 것이 좋다. 어린 아이들도 참석하는 자리라면 사탕이나 색연필 같은 작은 선물을 준비해가라. 어느 상점에서나 선물을 살 때는 크기나 가격에 상관없이 선물용임을 말해주면 무료로 보기 좋게 포장해줄 것이다.

사업상 동료에게 처음 만나는 자리에서 선물을 주는 것은 실례가 된다.

예절

이스라엘 사람들은 과거 세련되지 않기로 악명 높았는데 지금 까지도 그런 면이 남아 있다. 모두가 거칠고 투박했던 건국 초 창기에 주눅 들고 소심해 보이는 것이 싫었던 이산 유대인들 은 세세한 사회예절 따위는 버리고 무례하고 무뚝뚝한 이미지 를 선택했다. 이러한 유산 때문인지 이들은 종종 생전 처음 보 는 사람에게까지도 제 식구 대하듯 허물없이 군다.

　일부 이스라엘 사람들은 이스라엘 어디에서든 누구와 있든 결코 모르는 사람처럼 생각하는 법이 없다. 이들은 다른 사람 에게 월급이 얼마나 되는지, 입고 있는 양복이나 살고 있는 집 은 얼마짜리인지 거리낌 없이 물어본다. 한술 더 떠 상대방이 대답해주면 자기 의견까지 곁들일 수도 있다. "수입이 너무 적 군요."라든가 "너무 비싸게 구입했네요."처럼 말이다. 이들은 이런 식의 행동을 무례가 아닌 직설의 긍정적인 예로 여긴다. 이를 가리켜 '두그리doogri(솔직함)'라고 하며 미덕으로 간주한다.

또한 이스라엘 사람들은 약속에 늦어도 사과할 필요를 못 느낀다. 식당이나 사람들이 북적이는 카페에 앉아 큰소리로 전화통화를 하고 아이들을 제멋대로 뛰어다니게 놔둔다. 운전할 때도 막무가내로 차선을 넘나들거나 마구잡이로 경적을 울려대고 주차할 때도 두 자리를 차지하기 일쑤다.

옛날에는 이렇게 행동하는 것이 일반적이었지만 이제는 더이상 그렇지 않다. 물론 여전히 직설적이긴 하지만 요즘 이스라엘 사람들, 그중에서도 특히 젊은 세대는 교양 있고 예의바르며, 사려 깊고 남의 귀청이나 공간을 침범하지 않으며 직설적인 표현을 조절한다.

그러니 지레 걱정할 필요는 없다. 행동거지를 조심하면 된다. 일례로 정통파 유대인 가정에 초대받았을 때는 여자라면 단정한 옷을 입고 가야 하고, 남자라면 헤어질 때 안주인과 작별의 악수나 포옹 또는 키스를 해서는 안 된다. 이슬람교도 가정에 갈 때는 발바닥을 드러내지 않아야 하며 왼손잡이더라도 식사할 때는 왼손을 쓰지 말아야 한다.

이민자 단체

이스라엘에 장기간 머무를 계획이라면 적당한 이민자 단체에 조언을 구하는 것이 좋다. 30개국 남짓한 외국 출신의 이민자들을 대표하는 이들 단체는 회원들의 취업, 주택, 의료, 특수 요구와 관련된 문제들을 도와준다. 그중에서도 AACI(재이스라엘 미국인 및 캐나다인회)와 텔페드Telfed(남아프리카 시오니스트회)가 대표적이다. 정식 직원을 두고 사무실도 잘 갖춰져 있으며, 격월지와 계간지를 발행하고 형편이 좋은 회원들의 후원도 받는다. 다른 단체들은 자원봉사자들이 어려움에 처한 회원들에게 도움을 주는 방식으로 운영된다.

신규 이민자는 모두 울판ulpan(히브리어를 집중적으로 배울 수 있는 교육기관)에 다닐 수 있다. 이곳에서 5개월 동안 일주일에 5일, 매일 5시간씩 무료로 히브리어를 배운다. 에티오피아 출신 이민자들은 추가로 5개월을 더 다닐 수 있다. 수업은 키부츠나 지방자치단체의 통합센터에서 진행된다.

또한 모든 주요 대학들도 학위를 필요로 하지 않는 지원자들에게 무료로 특별강좌를 들을 수 있게 해주는데, 이들 강좌 중 일부는 영어로 진행된다. 텔아비브 대학교 영어권 친구

회는 회원들을 위해 월간 강의와 연간 세미나를 편성하고 회
원들에게 소식지를 통해 대학 내 다른 영어강의나 활동 등을
알려준다.

05

일상생활

이스라엘 사람들의 근로시간은 일요일 아침부터 시작해 목요일까지 이어진다. 그만큼 평일이 일찍 시작된다. 학교는 아침 8시에 시작하고 직장은 8시 30분이나 9시부터 업무에 들어간다. 직장에 다니는 엄마들이 출근길에 아이들을 맡기기 때문에 유치원은 좀 더 일찍 문을 연다. 키부츠와 모샤브에서는 여전히 풍성한 이스라엘식 아침이 나오지만 대다수 도시인들은 아이들에게 시리얼과 음료를 챙겨주고 학교에 가져갈 점심 도시락을 준비한다.

주택과 생활양식

이스라엘의 도시민들은 대부분 아파트에 산다. 물론 전국의 여러 도시 근교 지역에 거주하는 이들은 '빌라'로 불리는 개인 주택과 '카티지'로 알려진 비교적 작은 정원이 있는 2층짜리 연립주택에 산다. 또한 농업공동체 모샤브의 넓은 대지와 시골의 사유지에 지은 집들도 있다.

근교와 도심의 아파트는 위치와 완공 시기, 리모델링 시기에 따라 표준형에서 고급형까지 다양하다. 대부분의 아파트는 방 2개짜리부터 5개짜리까지 있는데 고급 아파트도 방 개수는 같지만 거실이 상대적으로 크고 침실이 작다. 모든 현대식 건물에는 승강기가 있지만 오래된 아파트에 사는 친구를 만나러 갈 때는 4층까지 걸어 올라가야 할 수도 있다. 발코니가 있는 아파트도 있고 그렇지 않은 곳도 있다. 도심의 좁은 공간에 위치해 서로의 집이 내다보이는 아파트에도 발코니가 있었다. 하지만 1960년대에 사생활 보호와 주거면적을 늘리기 위해 플라스틱 덧문을 둘러쳤다가 몇 년 후 건설업자들이 거실을 더욱 넓히기 위해 이들 발코니를 전부 없애버렸다(바우하우스 양식 건물의 발코니도 마찬가지다).

　요즘 일광욕 테라스가 다시 유행하고 있어서 도심과 근교에 들어선 멋진 고층 건물마다 드넓은 일광욕 테라스에서 탁 트인 전망을 즐길 수 있다. 현대식 에어컨이 설치되면서 아파트는 맞통풍이 되어야 한다는 오래된 규칙이 종종 무시되곤 한다. 현대식 주거단지에는 대리석이나 나무바닥과 맞춤 부엌이 갖춰진 고급 고층 아파트가 들어서 있다. 대부분 관리인이 상주하는 로비가 있고 지하에는 헬스장이 있으며, 위치 또한 북적대는 일반 도로에서 멀리 떨어져 있다. 이와 같은 고급 아파트 단지의 대다수가 컨트리클럽 근처에 있어서 수영장과 테니스 코트 같은 스포츠 시설을 이용하는 것은 물론 체육관에서 각종 운동과 요가수업을 들을 수 있으며 아이들 또한 다양한 스포츠 활동과 프로그램에 참여할 수 있다.

당연한 일이겠지만 생활양식은 주거지와 경제상황에 따라 저마다 다르다. 비좁은 집에서 벗어나기 위해 밖으로 나와 작은 카페에서 후무스(병아리콩을 으깨 오일과 마늘 등을 넣어 만든 요리)와 피타빵(중동 지방의 둥글납작한 빵), 슈와르마(얇게 썰어 구운 양고기)를 먹거나 공원에서 고기를 구워먹는 이들도 있다. 멋진 레스토랑에서 외식을 하거나 클래식 연주회에 가고, 연극이나 오페라 공연을 보거나 안락한 집에서 편안하게 휴식을 취하며 시간을 보내는 이들도 있다. 부촌에 살지 않더라도 많은 이스라엘 가정에서는 가사도우미를 활용하는 편이다(좋은 도우미를 확보하는 것이 대다수 주부들의 최대 관심사다).

이스라엘 사람들도 대부분 자기 집을 갖고 싶어 하는데, 젊거나 미혼인 경우에는 주로 집을 렌트해서 생활한다.

평일 일상

이스라엘 사람들의 근로시간은 일요일 아침부터 시작해 목요일까지 이어진다. 그만큼 평일이 일찍 시작된다. 학교는 아침 8시에 시작하고 직장은 8시 30분이나 9시부터 업무에 들어간다. 직장에 다니는 엄마들이 출근길에 아이들을 맡기기 때문에 유치원은 좀 더 일찍 문을 연다. 키부츠와 모샤브에서는 여전히 풍성한 이스라엘식 아침이 나오지만 대다수 도시인들은 아이들에게 시리얼과 음료를 챙겨주고 학교에 가져갈 점심 도시락을 준비한다. 어른들은 커피나 차와 함께 스프레드를 바른 롤빵과 요구르트를 아침으로 먹거나 출근길에 차 안에서 그래놀라 건강바를 먹기도 한다. 운동을 좋아하는 사람들은 일찍 일어나서 이른 아침에 조깅이나 걷기 또는 수영을 즐기기 때문에 새벽에 동네 주변을 씩씩하게 걷고 있거나 해변 또는 공원에서 운동하고 있는 이들을 흔히 볼 수 있다.

퇴근시간은 오후 5시에서 5시 30분쯤이지만 첨단산업 분야의 변호사들과 모든 분야의 경영진은 훨씬 늦게까지 사무실에 머무른다. 퇴근 후 시간이 있는 직장인들은 다양한 자기계발 강좌를 들을 수 있다(마사지 기술부터 경제, 음악, 학술 강좌 등).

또한 집으로 손님을 초대해 대접하거나 다른 집에 초대를 받기도 하며, 영화를 보러가는 등 문화생활을 즐기거나 쇼핑몰 또는 시장, 번화가의 24시간 운영하는 마트에서 쇼핑을 한다. 많은 직장인들이 퇴근 후 식당이나 술집, 클럽이나 카페로 이동하기 전에 잠시 휴식을 취할 수 있는 기회를 잡게 되기도 한다. 관광객들은 주중 내내 새벽까지 텔아비브의 거리마다 활기가 넘치는 풍경을 보고 놀라곤 한다.

이스라엘도 다른 나라들처럼 일요일을 포함해 이틀을 주말로 삼자는 방안이 수차례 제기됐었다. 이와 관련해 가장 많이 나온 제안은 사람들이 시간을 갖고 안식일을 준비할 수 있도록 금요일 정오까지만 근무하는 방식으로 나흘 반을 평일로 삼자는 것이다. 이렇게 되면 길어진 주말로 줄어든 근무시간을 채우기 위해 평일에는 30분씩 더 근무하게 될 것이다. 그러나 지금도 많은 직장인 부모들이 늦게 퇴근하기 때문에 이러한 방안이 실행될지 여부는 불투명하다. 직장에 다니는 엄마들은 특히 여가시간의 대부분을 아이들의 숙제를 봐주거나 다른 일상적인 일들을 챙겨주는 데 활용하고 있다. 대다수 사람들에게 금요일이 휴일이다 보니 부모들도 조금이나마 자기 시간을 보낼 수 있다. 부모는 함께 카페에서 아침을 먹고 점심

때 학교로 아이들을 데리러 가곤 한다. 그러고 나서 가족 모두 취미활동을 하거나 집에서 휴식을 취한 뒤 안식일 만찬을 준비하고 나머지 주말을 어떻게 보낼지를 계획한다.

이스라엘 사람들은 일상생활 중에도 예비군 복무와 자녀들을 군대에 보내야 하는 문제뿐만 아니라 언제 어느 때 어떤 위험에 처할지 모르기 때문에 압박감을 느끼는 경우가 많다. 또한 자영업자를 유독 힘들게 하는 높은 세금 부담과 최신 유행을 따라가야 한다는 압박감도 만만치 않다.

교육

유대인 엄마들은 어디서나 공부 잘하는 자녀를 자랑하는데 이스라엘도 예외는 아니다. 교육은 이스라엘의 핵심가치로 모든 세대가 실력을 유지하거나 높이는 데 열중한다. 아기가 태어난 순간부터 자식을 자랑스러워하는 부모들은 아기의 미래를 설계한다. 지능을 높이는 DVD와 장난감, 아동용 컴퓨터 프로그램, 사립유치원 영어수업 등 많은 부모들은 자녀에게 최고 수준의 교육을 시키기 위해 기꺼이 자신의 안위를 포기한다.

이스라엘을 찾는 이들은 대여섯 살짜리 아이들이 책과 학용품이 든 무거운 가방을 메고 학교에 터덜터덜 걸어가는 광경을 보고 놀랄 수도 있다. 이스라엘의 학교에는 사물함이 없다. 왜 그럴까? 재정 탓이려니 싶겠지만 누가 알겠는가? 이스라엘에서 많은 성인들이 허리 질환에 시달리는 데는 이러한 이유도 한몫할 것이다.

국민이 이토록 교육을 중요하게 여기는 현실에 비춰보면 역설적이게도 정부의 교육예산은 한심할 정도로 부족하다. 예산의 대부분이 국방비겠지만 다른 데 예산을 써야 하기 때문이다. 교사들은 박봉에 시달리고 많은 학교, 특히 가난한 지역의 학교들은 컴퓨터를 비롯해 편의시설이 부족할 뿐만 아니라 유지보수도 잘 안 되고 있는 실정이다.

5세 이하의 어린아이들은 어린이집을 이용할 수 있지만 선택사항인데다 보조금을 받는 일부를 제외하고는 무료가 아니다. 5~6세부터 16세까지는 의무교육이라서 18세까지는 무상교육을 받을 수 있다. 이스라엘의 학교는 대부분 남녀공학이라 이성을 몹시 성가신 존재로 여기는 시절부터 실상은 결코 그렇지 않다는 것을 알게 되는 나이까지 여학생과 남학생이 같은 공간에서 공부한다.

무상교육이라고 해서 책, 공책, 펜, 교복(대부분 학교 로고가 붙어 있는 티셔츠와 면바지), 교통, 소풍, 비교과과정, 방과 후 활동, 어디든 가지고 다니는 책가방까지 무료라는 뜻은 아니다.

5세 아이들이 의무적으로 다니는 유치원에서는 최상의 교육과 성격발달에 중요한 교육이 이루어진다고 한다. 헌신적이고 숙련된 교사들은 이처럼 어린 학생들의 삶에 있어 결정적인 시기에 무엇보다 자부심이 형성되도록 이끌어준다.

초등학교는 1학년부터 8학년까지 이어진다. 초등 교육과정에는 일반 국공립학교와 종교학교가 있다. 또한 아랍계 국립학교와 드루즈계 국립학교가 따로 있으며, 이들 학교에서는 아랍어를 가르친다. 독실한 정통파 유대인 공동체에서는 자체적으로 학교를 운영하고 있는데, 이들 학교들은 규율의 미묘한 차

이에 따라 구별되며 정부로부터 자금을 일부만 지원받는 곳도 있고 전액 지원받는 곳도 있다. 월워스 바버 미국 국제학교 Walworth Barbour American International School나 야파에 자리한 스코틀랜드 국교회 학교Tabeetha School, 프랑스 국제학교Collège des Frères de Jaffa는 영어나 다른 나라 언어를 가르치는 몇 안 되는 사립학교다. 이스라엘의 고등학교에서 학생들은 인문, 기술, 농업, 군사 등 계속 공부하고 싶은 분야를 정하게 된다. 참고로 이스라엘의 학교에서는 체벌을 금지하고 있다.

최근 몇 년 사이에 학교에서 폭력이나 약물남용 같은 일탈 행위가 증가하고 있다. 이는 높은 실업률, 점점 커지는 빈부격차, 실업에 따른 가장의 위신 추락 등이 원인일 수 있다.

고등학교 졸업자들이 진학하는 주요 7개 대학은 히브리 대학교, 텔아비브 대학교, 바르일란 대학교, 하이파 대학교, 벤 구리온 대학교, 테크니온 공과대학, 와이즈만 교육연구소다. 이들 대학 모두 무상교육기관이 아니기 때문에 장학생을 제외한 모든 학생들은 등록금을 납부해야 한다. 이 외에도 학위 수여 기관으로 인가받은 사립대학들이 있다. 이들 대학은 종합대학보다 입학은 쉽지만 학비가 비싸다.

고등교육 덕분에 이스라엘은 성장과 발전을 거듭해왔다.

20만 명이 넘는 학생들이 현재 다양한 대학에 다니고 있지만, 이스라엘의 대다수 대학 졸업자들은 대학시절을 별로 그리워하지 않으며 동창회 참여율도 매우 낮다. 이는 이스라엘 학생들이 다른 나라라면 학부과정을 이미 마쳤을 나이에 대학에 다니는데다 상대적으로 비싼 학비를 마련하기 위해 눈코 뜰 새 없이 일하느라 대학생활을 즐길 여유가 없는 탓이다. 많은 젊은이들이 힘든 군복무를 마친 후 1년 휴학을 하고 전 세계로 배낭여행을 떠나는데, 특히 중남미 나라들과 인도, 태국 등을 즐겨 찾는다. 이렇다 보니 학업은 훨씬 더 늦춰질 수밖에 없다.

대학 입학의 최소 조건은 이스라엘 대학입학허가서나 그와 동등한 자격으로, 심리측정시험에서 요구수준에 도달하고 강의를 따라갈 수 있을 만큼 히브리어에 능통해야 한다. 이스라엘에는 학생들이 일정 수준 이상의 히브리어 실력을 갖추도록 돕는 프로그램들이 마련되어 있기도 하다.

여가와 스포츠 활동

최근 야외에서 걷고 달리고 자전거를 타는 사람들이 늘어나고 있어 이스라엘 전역에서 이른 아침 운동을 즐기는 이들을 많이 볼 수 있다.

텔아비브 티베리아스에서 매년 열리는 마라톤 대회는 전 세계에서 수천 명의 마라톤 선수들이 참가하는 국제 스포츠 행사다. 다른 여러 도시들에서도 10km를 달리는 시민 마라톤 경기가 열린다. 철인 3종 경기는 인기가 높아 매년 수천 명의 선수들이 참가해 실력을 겨룬다. 에일라트에서는 매년 국제 철인 3종 경기 대회가 열린다. 또한 전국에 자전거 도로가 조성되어 있고 로드 바이크가 큰 인기를 끌면서 세계 수준의 라이

더들이 이스라엘을 찾고 있다. 이스라엘 남자들은 열정적인 축구 팬이라서 자신이 좋아하는 팀의 승패에 일희일비하고 국내경기든 국제경기든 생중계가 있을 때는 무슨

일이 있어도 반드시 지켜본다. 축구 다음으로 인기 있는 스포츠는 농구다.

이스라엘 사람들은 일간지의 열혈 독자이기도 하다. 이스라엘의 1인당 신문 발행부수와 구독률은 전 세계에서 가장 높다. 대다수 인쇄매체는 히브리어를 쓰지만 영어, 러시아어, 프랑스어, 독일어 등 외국어 간행물 또한 발행된다. 사람들은 집이나 카페, 버스, 비행기, 해변 그리고 모든 공공장소 벤치에서 신문을 본다. 시시각각 변하는 뉴스를 발 빠르게 접하는 것이 무엇보다 중요하다. 인쇄매체 외에도 라디오와 텔레비전 뉴스가 온종일 정시에 방송되며 저녁에도 방송된다. 저녁 뉴스 프로그램은 Kan 11, Keshet 12, Reshet 13에서 방송되는데 공중파는 채널 10이 장악하고 있다.

이스라엘 사람들은 카드 게임을 좋아하며 돈을 걸고 할 때가 많다. 브리지, 포커, 투웬티원 등이 인기가 많고 주사위 게임과 체스 또한 즐겨하는데, 전국에 체스센터가 있을 정도로 인기가 높

다. 4,500명의 선수들이 이스라엘 체스 리그에서 활동하고 있으며, 다른 1만 명의 선수들은 학교 대항전과 클럽대회에 참가한다. 텔아비브 대학교 캠퍼스 인근에 자리한 카스파로브 체스센터는 전 세계 챔피언 가리 카스파로프가 기증한 곳으로 체스 교사 양성소다.

이스라엘에서도 여유가 있는 사람들은 여행을 매우 좋아한다. 부유한 사람들은 유럽 여행이나 장거리 여행을 떠나고 주머니 사정이 넉넉지 않은 이들은 키프로스, 그리스의 섬들, 터키, 동유럽 등지로 떠난다. 앞서 언급했듯 군대를 제대한 젊은 이들은 전 세계로 몇 달 동안 배낭여행을 가곤 한다.

06

여가생활

이스라엘에서 쇼핑은 전 국민의 취미다. 이스라엘 사람들은 쇼핑몰, 번화가, 시장, 산업 지역의 아웃렛에서 쇼핑을 한다. 또한 여행을 떠날 때는 공항 면세점에서, 친구를 마중하기 전에는 공항 쇼핑몰에서 쇼핑을 즐기며 심지어 병원에서도 쇼핑을 한다. 병원 구내나 인접한 곳에 들어선 쇼핑몰에서 쇼핑을 하는 이들은 그야말로 쇼핑을 통한 치료를 실감하는 셈이다.

유대인들의 축제에서는 상징성을 띤 전통요리를 포함해 음식이 큰 비중을 차지한다. 심지어 요즘에는 독립 기념일조차도 1년에 한 번 있는 야외 바비큐 파티의 날로 생각할 정도다. 정원이든 공원이든 공간만 있으면 어디서든 바비큐 파티가 열린다.

세월이 흐르면서 입맛과 식습관도 바뀌었다. 축일 때면 여전히 유대의 전통음식을 즐겨 먹지만 시간도 없고 부엌에서 장시간 요리할 마음이 내키지 않는 보통의 주부들이 가정에서 만들어 먹는 경우는 드물다. 생선 경단 수프, 다진 간 요리, 촐렌트(고기와 야채를 약한 불에 삶아낸 요리), 고기 경단 수프, 후무스(병아리콩 요리), 타이나(일종의 참깨 페이스트) 그리고 속을 채운 채소찜 같은 요리는 가게나 사거나 조부모님 집에서 먹을 수 있다. 기후와 건강에 대한 관심 또한 식습관에 영향을 미쳐 올리브유와 신선한 허브로 만드는 지중해 요리를 어디서나 맛볼 수 있다.

외식 문화

이스라엘에는 식당이 넘쳐난다. 유대인들의 고향이 평범한 나라가 되기 위해서는 유대인 농부들만큼이나 유대인 요리사들도 필요했다. 건국 초기에는 사실상 가족이 소유하고 운영하는 식당밖에 없었고, 이런 곳에서는 이스라엘 사람들이 그 전까지 살았던 여러 다양한 나라의 전통음식을 판매했다. 이와 같이 좁고 어두침침한 식당들에서는 아들과 딸이 음식을 나르고 설거지를 도왔다. 그러다가 이들 자식들이 식당을 물려받아 운영하면서 현대적 감각에 맞게 단장하고 최신식 설비를 갖춰 더욱 세련된 고객들의 입맛을 사로잡았다. 베트남 전쟁 이후 이스라엘이 보트피플 난민을 받아들이면서 그 자손들이 처음으로 베트남 음식을 팔기 시작해 지금까지도 이어지고 있다.

　　최근 몇 년 사이 요리업계에 혁명이 일어났다. 이스라엘 국적의 재능 있는 신세대 요리사들이 등장했기 때문이다. 이들은 미슐랭 스타를 받은 레스토랑에서 이탈리아인 요리사와 프랑스인 요리사들에게 요리

를 배우거나 해외를 돌아다니면서 동서양의 전통요리를 체득했다. 신세대 요리사들은 현지 사업가들과 손잡고 로마, 파리, 런던, 뉴욕 등에 식당을 열었다. 요식업계가 이와 같이 전성기를 맞이한 것은 이스라엘 사람들의 여행에 대한 끝없는 갈증 덕분이었다. 매년 수십만 명의 이스라엘 사람들이 출장이나 관광 목적으로 해외를 여행하면서 자국에서는 일찍이 접해보지 못했던 고급요리의 맛을 알게 되는 등 취향이 고급화되었다. 오늘날 음식 잡지가 나날이 늘어나고, 일간지나 주간지에 음식 칼럼이나 후기 또는 식당 기사가 빈번히 실리고 있을 뿐만 아니라 TV에서 요리 프로그램이 인기리에 방영되는 등 요리가 새로운 관심사로 떠오른 것은 분명해 보인다.

이스라엘에는 유대교 율법을 지켜 요리하는 식당과 카페들이 수백 개에 달한다. 과거 이런 코셔 식당이 한두 곳밖에 없던 텔아비브도 예외는 아니다. 이제 코셔kosher 음식만 먹는 사람들도 갖가지 진미를 즐길 수 있다.

대부분의 식당에서는 신선한 오렌지 주스, 훈제 생선, 샐러드, 치즈, 달걀, 커피, 차 등으로 구성된 아침 메뉴를 제공한다. 또한 저녁 메뉴보다 저렴한 가격에 맛있게 먹을 수 있는 비즈니스 런치 메뉴도 판매한다. 대체로 이런 식당에서는 국내산

및 수입산 증류주는 물론 국내산 와인과 수입산 와인을 마실 수 있으며 맥주나 청량음료 중에서 선택할 수도 있다. 고급 레스토랑에서는 다양한 칵테일도 제공한다.

해변이나 쇼핑몰 또는 번화한 지역의 상점가는 물론 항구와 요트 정박지 그리고 시골의 경치 좋은 관광지에도 식당이 있다. 요즘은 텔아비브 시내에서 북서쪽 끝자락에 자리한 오래된 텔아비브 항구에 사람들의 발길이 이어지고 있다. 이곳 식당들에서는 다양한 지중해식 생선요리와 채소요리를 선보이고 있으며 좀 더 비싼 메뉴를 고르면 맛있는 부위로 만든 고기요리도 맛볼 수 있다. 특선요리 중에는 갈릴리 호수에서 잡

힌 성 베드로의 물고기로 만든 맛있는 생선요리도 있다.

아랍요리를 파는 식당들은 대부분 예루살렘, 야파, 하이파 시내와 근교, 갈릴리 지역에 있다. 특히 갈릴리 지역에는 드루즈 식당들도 있어서 이른바 '동방요리'라 불리는 아랍 전통요리를 맛볼 수 있다. 그중에서도 가장 인기 있는 메제mezze는 타이나와 후무스를 포함해 고르기 어려울 정도로 다양한 양념과 소스로 구성되어 있다.

호텔이나 아랍 식당과 드루즈 식당 그리고 극동 음식을 파는 식당을 제외하고 이스라엘의 기성 식당들에는 경력 있는 웨이터가 거의 없다. 대부분 팁을 받아 학비에 보태려는 학생들이 웨이터로 일한다.

참고로 모든 식당과 술집은 금연이기 때문에 외부 지정된 장소에서만 흡연이 가능하다.

식당에서는 보통 계산서 금액의 12~15%를 팁으로 준다. 봉사료는 이미 계산서 금액에 포함되어 있을 수도 있으나 특별한 서비스를 받았다면 조금 더 줄 수 있다.

호텔에서는 벨보이에게 보통 가방 1개당 1달러에 상응하는 팁을 준다. 룸서비스 웨이터는 항상 팁을 기대하는데, 객실관리 직원과 안내 직원에게 줄 팁은 보통 봉투에 담아 호텔을 나올 때 프런트에 맡긴다.

택시기사는 팁을 주면 고마워하지만 바라지는 않으며, 관광 가이드와 운전기사는 팁을 기대한다. 친절한 주유소 직원에게도 소액의 팁을 주면 좋다.

쇼핑

이스라엘에서 쇼핑은 전 국민의 취미다. 이스라엘 사람들은 쇼핑몰, 번화가, 시장, 산업 지역의 아웃렛에서 쇼핑을 한다. 또한 여행을 떠날 때는 공항 면세점에서, 친구를 마중하기 전에는 공항 쇼핑몰에서 쇼핑을 즐기며 심지어 병원에서도 쇼핑을 한다. 병원 구내나 인접한 곳에 들어선 쇼핑몰에서 쇼핑을 하는 이들은 그야말로 쇼핑을 통한 치료를 실감하는 셈이다. 시골 마을에는 소박한 미술품이나 공예품 작업실과 판매점이 있으며 바닷가 항만 개발지에는 고급 액세서리 상점들이 들어서 있다. 이스라엘 사람들은 가격에 민감해서 싸고 좋은 물건을 사기 위해 여기저기 돌아다니는 편이다. 정찰제이기 때문에 물건 값을 깎을 기회는 거의 없을 것이다.

【 쇼핑몰 】

꽤 최근까지 이스라엘에서는 쇼핑몰이 눈에 띄지 않았다. 그러나 요즘에는 도심은 물론 변두리에서도 주차장과 필요한 모든 상점들이 입점해 있는 쇼핑몰에서 에어컨 바람을 맞으며 편안하게 쇼핑하려는 이들의 발길이 끊이지 않는다. 일부 고급스러운 곳도 있지만 대다수 쇼핑몰에는 어린이 놀이시설, 복합 영화관, 카페, 패스트푸드점, 성인 의류점과 아동복 매장, 전자제품 대리점, 슈퍼마켓, DVD 판매 및 대여점, 서점, 장난감 상점, 신발 매장, 그리고 휴대전화 대리점 등이 입점해 있다. 몇몇 쇼핑몰에는 볼링장까지 들어와 있으며 토요일까지 영업하는 곳들도 있다. 또한 많은 쇼핑몰에서는 금요일 아침마다 조리식품 장터가 열리기도 한다.

【 시장 】

슈킴shukim(단수형은 shuk)은 노천시장이다. 신선한 과일과 채소가 넘
쳐나는 이들 시장에는 알뜰한 구매자들뿐만 아니라 최상의
농산물을 찾는 이들이 즐겨 찾는다. 상자마다 먹음직스럽게
담아놓은 딸기, 잘 익은 토마토, 아삭아삭한 초록 양상추, 허
브, 톡 쏘는 피클, 더미로 쌓아올린 향신료, 셀 수 없이 다양한
올리브, 샐러드, 빵, 육류, 생선, 그리고 알록달록한 꽃다발을
그냥 지나치기는 어렵다. 단골들은 덤을 얻는 재미도 쏠쏠해
식료품, 가정용품, 의류, 액세서리, 장난감까지 이곳에서 구입
한다. 시장 물건이 값은 훨씬 저렴하지만 늘 최상의 품질을 보
장하기는 어렵다. 텔아비브의 카르멜 시장과 예루살렘의 마하
네 에후다 시장이 가장 규모가 크다. 카르멜 시장 인근의 나할

랏 벤야민에서는 매주 화요일과 금요일에 미술공예품 장이 서기 때문에 한 번에 두 군데를 모두 둘러볼 수 있다.

패션

이스라엘 여성들은 자국을 넘어 밀라노, 파리, 런던, 뉴욕의 최신 유행을 그대로 따른다. 고급 부티크나 전문매장에서 명품을 구매할 수 있는 이들은 물론 대중적인 체인점에서 품질 좋은 복제품을 살 수 있는 사람들, 값이 더 저렴한 매장 또는 시장의 가판대에서 조잡한 모조품을 구입하는 이들까지 모두들 유행을 좇는다.

이스라엘 사람들은 과감한 경향이 있는데 이는 패션에서도 예외 없이 드러난다. 배를 드러내거나 달라붙는 티셔츠가 유행할 때 날씬한 젊은이들은 세련되게 이런 옷차림을 소화하는데, 나이든 세대나 뚱뚱한 이들 또한 맵시는 떨어져도 당당히 입고 다닌다.

오늘날 이스라엘의 젊은 디자이너들은 최일선에서 패션을 이끌며 파리, 런던, 뉴욕에 매장을 오픈하는 등 이스라엘의 패션업을 정상에 올려놓았다. 도린 프랑크푸르트Dorin Frankfurt, 로넨 첸Ronen Chen, 시걸데켈Sigal Dekel은 패션 및 수영복 회사 고텍스Gottex나 기데온 오베르손Gideon Oberson의 디자이너들과 마찬가지로 오늘날 국제 패션계에서 유명하다.

잘 차려입은 이스라엘 남자들도 바지, 재킷, 셔츠, 신발까지 최신 유행을 따르며 정품이든 모조품이든 유행하는 명품을 사고 싶어 한다.

이스라엘의 귀금속은 독특하다. 금, 은, 보석, 준보석, 고대 로마시대의 것이 섞인 유리, 유대 동전, 이국적인 나무 등으로 만들어진 수공예품이기 때문이다. 디자인은 현대적이거나 민족 전통이 배어 있는 것들이며 구슬과 고분자 점토를 활용한 것도 있다.

미용산업도 잘 발달되어 있는데, 국제 기준에 맞는 적절한 가격에 미용서비스를 받을 수 있어 많은 이들이 애용한다. 패션 부티크처럼 미용실도 가격대에 따라 다양하게 존재하며 매니큐어, 페디큐어, 남성과 여성을 위한 얼굴관리와 전신관리 등의 서비스를 제공한다. 추운 나라에서는 햇볕에 그을린 피부가 높은 사회적 신분을 상징할 때가 많지만 요즘 이스라엘에서는 정반대다. 뜨거운 햇볕을 쬐기보다는 모자나 양산, 자외

선차단제를 활용한다.

공연예술

【 극장과 영화 】

어떤 특정 주간에는 이스라엘에 있는 40여 개의 극장이나 공연장에서 80편 이상의 작품이 공연된다. 그중 거의 60편이 텔아비브의 20개 극장에서 공연되고 있다. 1917년 모스크바에서 창단해 1931년 이스라엘로 옮겨온 하비마 국립극단과 뉴카메리 극단The Cameri Theatre of Tel Aviv은 일주일에 몇 편의 연극을 번갈아가며 공연하는 레퍼토리 극단이다. 공연작은 대형 뮤지컬

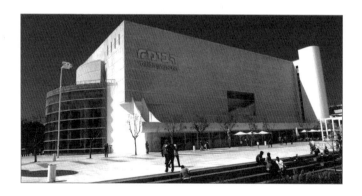

을 포함해 해외 인기작과 고
전을 번역한 작품부터 국내
문제나 보편적인 주제를 다룬
이스라엘 극작가들의 희곡작
품과 뮤지컬에 이르기까지
다양하다. 카메리 극단은 주
1회 영어 동시통역으로 공연
되는 작품을 올린다. 일반적

으로 연극 공연은 저녁 8시 30분에 시작된다.

현재 호황을 누리고 있는 이스라엘 영화 문화는 1950년대
에 첫 히브리어 영화가 제작된 이후 크게 발전했다. 이스라엘
의 영화는 3년 연속 아카데미상 후보에 올랐을 정도이며, 할
리우드에 진출한 가장 유명한 이스라엘 배우로는 차임 토폴과
갤 가돗이 있다. 예루살렘과 하이파에서는 각각 국제영화제가
열려 국내 영화와 외국 영화를 상영하기도 한다.

【음악】

보통 일주일에 20편 이상의 클래식 공연이 펼쳐진다. 클래식
공연장으로는 교회 외에도 2곳의 대공연장, 이스라엘 필하모니

오케스트라의 본부인 텔아비브의 만 오디토리엄^{Mann Auditorium in}
^{Tel Aviv}과 예루살렘 국제컨벤션센터가 있다. 이스라엘 음악계에
는 핀커스 주커만, 슐로모 민츠, 다니엘 바렌보임, 이츠하크 펄
먼 같은 명성 높은 객원 음악가와 유명한 연주자들이 포진되
어 있다. 오페라는 시기를 달리하면서 1년 내내 텔아비브 공연
예술센터에서 공연되며, 여름에는 카이사레아에 있는 복원한
로마 원형극장에서 공연된다.

이스라엘의 민요와 대중음악에는 풍부한 유산이 깃들어 있
다. 대표적인 과거와 현재의 작사가, 가수, 작곡가를 꼽자면 나
오미 쉬머^{Naomi Shemer}, 쇼사나 다마리^{Shoshana Damari}, 야파 야르코니

Yafa Yarkoni, 오프라 하자Ofra Haza, 아리크 아인슈타인Arik Einstein, 샬롬 차노크Shalom Chanoch, 에후드 바나이Ehud Banai, 다비드 브로자 David Broza, 슐로모 아르치Shlomo Artzi, 아치노암 니니Achinoam Nini, 이단 라헬Idan Raichel 등이다. 이스라엘의 대중가요에는 건국 초기에 대한 향수, 이스라엘이 치른 전쟁, 승리, 패배가 녹아 있다. 영웅적 행위를 기리고 평화를 꿈꾸는 노래, 소박한 즐거움과 일상의 좌절을 담은 노래, 그리고 심금을 울리는 사랑 노래들이 주를 이룬다.

활기 넘치는 이스라엘 음악은 텔아비브와 예루살렘의 여러 술집과 클럽에서 주중 내내 라이브로 즐길 수 있다. 보통 클럽 공연은 밤 10시나 11시경에 시작해서 새벽까지 이어진다.

【무용】

국내 및 해외 무용단은 밧세바 발레단의 본부인 텔아비브 네베체덱의 수잔 델랄 센터를 비롯해 전국 공연장에서 고전 발레와 현대 무용을 공연한다. 발레는 또한 카이사레아에 있는 로마 원형경기장에서도 공연된다.

이스라엘 사람들은 열정적인 민속 무용가들이라서 전국에 민속 무용단이 있다.

이스라엘 전역에서는 무용, 시극, 드라마, 재즈, 프로그레시브 록, 오페레타, 풍자극, 스탠드업 코미디, 카바레, 이스라엘 대중음악, 러시아 가수들의 노래, 복음성가 공연까지 온갖 종류의 공연이 펼쳐진다. 또한 서커스, 인형극, 그리고 각종 어린이 공연도 있다. 대다수 성인 공연은 밤 9시에 시작하며 소극장, 카페 바, 클럽, 센터, 강당 등에서 열린다. 영어와 다른 언어로 진행되는 공연들도 많다.

박물관과 미술관

상설전시관과 특별전시관이 있는 주요 3대 박물관은 예루살

렘의 이스라엘 박물관, 텔아비브 미술관, 텔아비브의 에레츠 이스라엘 박물관이다. 이 외에도 전국에 80개가 넘는 박물관과 미술관이 흩어져 있다. 이들 박물관과 미술관에서는 개인 및 단체 조각전, 회화전, 유명 및 무명 작가들의 각종 작품전이 열린다. 하이파 인근의 카르  멜고원에 자리한 멋진 예술인 마을 에인 호드와 올드 야파의 예술인 지구, 갈릴리의 사페드도 둘러볼 만하다. 텔아비브의 고든 스트리트에는 아주 다양한 이스라엘 미술작품을 전시하는 갤러리들이 몰려 있다. 사람들이 가장 많이 찾는 박물관은 홀론 어린이 박물관, 디아스포라 박물관, 야드 바솀 홀로코스트 박물관이다. 박물관에 대한 기타 다른 상세한 정보는 인터넷 등에서 쉽게 찾아볼 수 있다.

【 홀론 어린이 박물관 】

쌍방향 전시회가 열리는 흥미진진한 박물관이다.

【 디아스포라 박물관 】

텔아비브 대학교 캠퍼스에 위치한 이 독특한 박물관은 축소 모형, 건축, 그림과 스케치, 멀티미디어, 그리고 공예품들을 통해 전 세계 유대인 공동체의 역사를 보여준다.

【 야드 바셈 홀로코스트 박물관 】

예루살렘의 하르 하지카론(기억의 산)에 자리하고 있는 야드 바셈 홀로코스트 박물관은 홀로코스트 시기의 유대인 역사를 상세히 기록하고 650만 희생자의 유품과 사연을 보존하고 있는 곳이다. 이곳에서는 기록 보관소, 도서관, 학교, 박물관, 그리고 '열방의 위인'(홀로코스트 당시 유대인을 구하는 데 공헌한 비유대인에게 수여하는 명예 칭호-옮긴이) 선정을 통해 홀로코스트의 유산을 자손대대로 알리고 있다.

문화 축제

매년 전국에서 70개가 넘는 문화 축제가 열리는데 그중 몇 개를 소개하자면 다음과 같다.

예루살렘 페스티벌은 세계적으로 유명한 예술가들이 참여하는 국제 연극·무용·음악 축제다.

클래식 및 재즈 뮤직 페스티벌은 키부츠, 홍해(재즈 페스티벌), 사해 그리고 갈릴리 호수에서 열린다.

합창 음악 전문 페스티벌에는 예루살렘에서 열리는 종교음악 페스티벌, 예루살렘에서 서쪽으로 몇km 떨어진 고원에 위치한 아부 고쉬의 교회들에서 열리는 성악 페스티벌, 그리고 짐리야 페스티벌이 있다.

매년 여름 악코 전위연극제가 고대 십자군 도시 아크레에서 열린다.

아슈케나지 유대인의 전통 소울 뮤직 페스티벌인 사페드 클레즈머 페스티벌은 종교인뿐만 아니라 비종교인 젊은이들에게도 큰 호응을 얻고 있다.

또한 텔아비브, 하이파, 예루살렘에서는 매년 영화제가 열리고, 그 외에도 카르미엘 댄스 페스티벌, 야외 연극 및 음악제 야파 나이츠, 예루살렘의 예민 모쉐 지구에서 열리는 국제 시 페스티벌, 국제 예루살렘 북페어, 아르투르 루빈스타인 국제 피아노 경연대회, 예루살렘에서 열리는 국제 인형극 페스티벌 등이 있다.

밤 문화

텔아비브를 중심으로 술집과 클럽이 급증하고 있다. 유행에 밝은 젊은이들로 북적이는 록뮤직 클럽부터 단골손님들이 많은 작고 친근한 술집이나 와인바, 즉석 만남이 목적인 곳까지 다양하다. 아일랜드 분위기에 한껏 젖어볼 수도 있고, 진정 마사지를 받고 석양을 바라보며 술잔을 기울일 수도 있으며, 최고의 DJ가 있는 술집을 찾아갈 수도 있다. 또한 라이브 음악과 여흥을 즐길 수도 있고 은은한 조명이 비치는 구석에서 조용히 술을 마실 수도 있다.

해변

남쪽의 아슈켈론부터 북쪽의 나하리아 너머까지 이어진 이스라엘의 해안선을 따라 해변이 펼쳐져 있다. 대부분 드넓고 하얀 백사장으로 뒤덮여 있으나 간혹 좁고 바위투성이인 곳도 있고 그야말로 바람이 들이치지 않는 후미진 곳도 있다. 지역 당국이나 키부츠가 관리하는 해변은 유지가 잘 되어 깨끗하고 안전요원이나 안전표지판도 잘 설치되어 있다. 하얀 깃발은 잔잔한 바다를, 붉은 깃발은 강한 파도와 해류를, 검정 깃발은 위험하니 수영을 하지 말라는 뜻이다. 종종 안전요원들이 해당 구역을 더 잘 지켜볼 수 있도록 수영 가능 구역에 밧줄을 쳐놓아 바다에 회랑이 생기기도 한다.

안전요원이 없는 해변에서는 공식적으로 해수욕이 금지되어 있다. 저류와 강한 해류 그리고 울퉁불퉁한 지면 때문에

특히 날이 저문 후에는 수영하는 것이 위험할 수 있다.

해변마다 차양막이 설치된 구역도 있고 접이식 의자와 파라솔을 빌려주는 곳도 있다. 바닷가 식당이나 카페, 매점에서는 식사와 음료, 간식 등을 판매한다. 또한 주말과 휴일에는 모래사장을 따라 늘어선 노점에서 아이스크림과 시원한 음료수 등 간식을 팔기도 한다. 화장실은 대체로 깨끗하고 위생적이며 야외에는 샤워시설도 구비되어 있다. 관리가 잘 된 해변은 여

름철 늦은 오후와 저녁, 주말, 공휴일, 7~8월의 아침부터 밤까지 사람들로 북적인다.

일부 해변에는 둘레에 산책로가 있고 정원이 아름답게 꾸며져 있지만 주차장과 모래 언덕, 관목 숲만 우거진 곳들도 있다. 해변에 따라 무료로 이용할 수도 있으나 입장료를 지불해야 하는 곳도 있고 관할 거주지에 살지 않는 이들에게만 요금을 징수하는 곳도 있다. 간혹 주차장 요금만 받는 해변도 있다.

관리의 손길이 닿지 않은 해변들은 자연 그대로의 모습을 간직한 채 아름다운 풍광을 자랑하기도 하지만 파도를 타고 떠밀려 올라오거나 관광객들이 버린 쓰레기가 나뒹굴고 있을지도 모른다. 이런 쓰레기들은 가끔 자원봉사자들이 치우곤 한다.

텔아비브의 주요 호텔과 관광지구 주위로 길고 드넓게 펼쳐진 백사장과 산책로 외에도 텔아비브 북부에는 초정통과 유대교도가 이용하는 해변과 반려견 소유주들이 출입할 수 있는 해변이 별도로 마련되어 있다(사람들이 많이 찾는 해변은 대부분 반려견을 동반할 수 없는 곳이다). 또한 텔아비브 북쪽과 남쪽에는 감독의 손길이 미치지 않는 누드 해변도 있다.

관리가 잘된 해변은 대부분 수영객과 피한객이 평화롭게 즐기기 위해 찾는 곳이므로 지중해 연안의 다른 리조트 단지와

달리 시끄러운 제트스키와 수상스키의 활동을 금지하고 있다. 하지만 다른 여러 해변에는 비치발리볼 같은 해변 스포츠를 즐길 수 있는 곳들이 마련되어 있다. 이스라엘 해변에서는 상반신을 드러낸 채 수영하는 것을 대체로 금지하고 있지만 사실상 에일라트를 제외하고는 거의 허용되는 편이다.

　원칙적으로 이스라엘에는 민간 소유의 해변이 없다. 그러나 갈릴리 호수 일대에서는 클럽과 호텔 그리고 휴양지를 개발한 상당수 사업가들이 호숫가까지 이어진 사유지에 불법적으로 담장을 쳐놓아 일반인들이 드나들 수 있는 해변 공간이 거의 없다. 많은 클럽과 호텔, 휴양시설이 수상 스포츠 시설을 갖추고 있어 주말과 휴일이면 고요하고 푸른 갈릴리 호수가 제트스키와 다른 보트들로 혼잡해진다. 뿐만 아니라 2층짜리 유람선이 관광객과 순례자들을 성지로 실어 나르고 수평선에는 요트와 나무로 된 낚싯배들이 점점이 박혀 있다.

에일라트의 해변 또한 빼놓을 수 없는데 그중에서도 북쪽 해안에 자리한 해변이 대표적이다. 남쪽으로 갈수록 해변은 넓고 모래도 더 하얗다. 사람들은 주로 산호초가 유명한 홍해에서 스노클을 즐긴다. 스노클 강습을 받을 수도 있고 바닥이 유리로 된 보트나 잠수함을 타고 마술 같은 바닷속 산호초를 감상할 수도 있다.

07

여행, 건강과 안전

이스라엘에서는 햇볕을 잘 차단하고 물을 많이 마시는 것이 좋다. 수돗물은 안전하지만 대다수 이스라엘 사람들은 가능한 미네랄워터를 마신다. 길거리 음식은 대체로 안전한 편이지만 예민한 사람은 낯선 양념이 들어간 음식은 피하는 것이 좋다.

항공

이스라엘의 벤 구리온 국제공항은 2005년 최첨단 시설을 갖춘 제3터미널을 새로 열었다. 대다수 관광객들과 내국인들은 천장에서 바닥까지 떨어지는 폭포와 카페들 그리고 고급스러운 면세점이 들어선 화려한 출국장을 보고 깊은 인상을 받는다. 반면 걷는 거리가 늘어나 짜증을 내거나 예전의 아늑한 분위기를 그리워하는 이들도 있다.

국내선은 벤 구리온 공항의 1, 2터미널과 텔아비브 바로 북쪽에 위치한 스데도브 공항을 이용한다. 에일라트와 갈릴리의 로시피나행 항공편은 매일 운항된다. 이들 비행기는 관광객, 출장을 떠나는 직장인들, 그리고 휴가를 떠나는 내국인들로 붐빈다.

택시

벤 구리온 국제공항을 빠져나와 표지판을 따라가면 다양한 행선지로 승객을 데려다주는 택시 정류장이 나오며, 이곳에서

택시 코디네이터가 행선지별로 요금을 알려주고 해당 택시를 불러준다. 아니면 전화로 택시를 부르는 방법도 있다. 요금은 교통부가 정한 도시 간 요금표나 미터기에 따라 지불하거나 미리 조정할 수 있다. 야간, 토요일, 공휴일, 그리고 짐이 있을 때는 할증료가 붙는다. 택시요금을 미리 정한 경우 소정의 팁을 기대할 수도 있으나 의무사항은 아니다. 일반적으로 팁을 기대하지는 않는다.

셰루트는 주로 8인승 미니밴 합승 택시로 붐비는 도시의 간선도로와 도시 간 고속도로를 오간다. 이 도시 간 합승 택시는 보통 모든 좌석이 찰 때까지 기다렸다가 출발하며 버스와 기차가 운행되지 않는 금요일 저녁과 토요일에도 운행한다. 요금은 일반 버스요금보다 조금 비싼 편이다.

버스

이스라엘의 2대 버스업체 에게드와 단은 모두 협동조합 회사다. 규모가 더 큰 에게드는 이스라엘의 가장 먼 지역까지 운행하며, 단은 텔아비브 대도시권을 운행한다. 버스는 에어컨이 설치되어 있어 쾌적하며 요금도 비싸지 않다. 기사들은 안전훈련을 받은 이들로 친절하고 잘 도와준다. 별도의 안내원은 없으며 요금은 승차할 때 지불한다.

기차

이스라엘의 기차는 남부의 베르세바에서 북부의 나하리아까지의 노선들을 운행한다(기차로는 에일라트에 갈 수 없다). 기차요금은 비교적 비싼 편이나 현대적이고 쾌적하며 결정적으로 시간을 정확하게 지키는 편이다. 고속열차는 벤 구리온의 국제선

터미널과 하이파와 예루살렘 사이를 오간다. 2018년 텔아비브와 예루살렘을 고속열차로 연결하는 신노선이 개통되었다. 이 노선을 이용하면 이스라엘의 대도시들을 30분 만에 오갈 수 있다.

예루살렘에서는 혼잡을 해소할 목적으로 계획된 도시고속 수송체제의 일환으로 경전철이 도시 전역을 운행하고 있다. 텔아비브와 주변 도시들에서도 이와 비슷한 경전철 사업이 진행 중이다. 현재 각각 3개의 노선이 신설 승인을 받아 건설하는 중이며, 이 철도의 중요 구간은 지하로 지나가게 될 것이다.

자동차 운전

【 도로교통과 예절 】

이스라엘에서 운전할 때는 도로 우측 차선으로 주행한다. 교차로에서는 우측에서 오는 차량에게 양보해야 한다. 또한 이미 진입한 차량들이 우선이다. 고속도로는 유지보수가 잘 되어 있지만 고가도로가 충분하지 않아 아침시간과 늦은 오후에는 도심과 산업 지역으로 들어가는 입구가 속수무책으로 막힐 수 있다. 이는 전적으로 운에 맡길 수밖에 없다. 훤히 뚫릴 때도 있고 오랫동안 꼼짝 못할 때도 많다. 따라서 약속이 있을 때는 일찍 출발해야 한다. 보조도로는 비좁고 구불구불한데다 갈릴리 지역과 유대고원 쪽이 특히 심하다. 도로표지판은 헷갈리기 쉬워 자칫 운전자들이 성급하고 위험한 결정을 내릴 수 있다. 이스라엘에서는 전쟁과 테러 공격으로 희생된 이들을 모두 합친 수보다 교통사고 사망자 수가 더 많다.

대다수 나라들과 마찬가지로 이스라엘에서도 제한속도를 초과하거나 난폭한 운전을 하며 경적을 울려대는 운전자들이 있다. 또한 자신이 운전하는 차량이 죽음을 불러올 수도 있다는 점을 망각하는 버스 및 트럭 운전자들도 있고 길을 건널 때 좌우를 살피지 않는 보행자도 있다. 이런 보행자와 운전자들은 전 세계 어디에나 있지만 이스라엘에서, 특히 덥고 습한 여름철이면 이런 일이 훨씬 많이 발생한다. 에어컨이 없는 오래된 차들도 많아 운전자들의 인내심이 바닥을 드러낼 때가 많다.

따라서 여행객들은 에어컨이 나오는 차를 렌트하거나 다음과 같은 규칙을 지켜야 한다. 다른 차량들과의 안전거리를 유지하고 출발하기 전에는 어느 경로로 갈지 세심하게 계획하라. 지도를 지참하거나 GPS를 활용하라. 그리고 당연히 음주운전은 하지 마라. 법정 혈중 알코올 농도는 0.5mg/ml다.

【 도로표지판 】

이스라엘은 일반적으로 국제 도로표지판을 사용하고 있어 따로 설명이 필요 없다. 주요 행선지나 관광지는 히브리어, 아랍어, 영어로 표기되어 있다. 다른 목적지는 히브리어로만 표기되어 있을 수도 있다.

고속도로를 빠져나가야 하는 운전자에게 어떤 길을 선택해야 하는지 알려주는 표지판들은 부족한 편이다. 어떤 표지판은 너무 늦게 나오는 바람에 아무 소용이 없을 때도 있다.

속도제한표지와 노선표지판이 헷갈릴 때도 있다. 예를 들어 숫자 60을 보고 제한속도가 시속 60km라고 생각할 수도 있고, 60번 도로로 받아들일 수도 있다. 두 표지판의 모양이 다르다는 것을 알면 이런 혼동을 피할 수 있다. 속도제한표지는 둥근 모양이고 노선표지판은 사각형이다.

지자체 표지판과 국립 표지판에 표기된 도시 이름의 철자가 다를 수도 있으니 이 또한 주의해야 한다. 가령 텔아비브에서 헤르츨리야 방향으로 갈

때 첫 번째 표지판에는 'Herzliyya'로 표기되어 있다가 두 번째 표지판에는 'Herzlia'로 표기되어 있을 것이다. 또한 Caesarea를 'Qesariyya'로, Petach Tikvah가 'Petah Tiqva'로 표기되어 있는 등 두 가지 철자를 쓰는 지역들도 많다. T.A.(텔아비브)와 P.T.(페타티크바)처럼 대도시와 중소도시 그리고 중요한 거리 이름을 종종 머리글자로 표기하기도 한다. 'Keren Kayemmet L'Israel Boulevard'는 간단히 'KKL Blvd.'로 표기한다.

전국여행

직접 운전하고 싶지 않다면 대중교통이나 영어 가능자가 운전과 가이드를 해주는 자가용 또는 일반 버스여행 상품을 이용

해 이스라엘 전역을 둘러볼 수도 있다. 다음에 이어지는 간추린 설명은 여행자들이 많이 찾는 곳 중에서 극히 일부만 강조한 것이다. 대도시와 중소도시에는 저렴한 숙소부터 비즈니스 호텔과 5성급 호텔까지 다양한 숙박시설이 갖춰져 있다. 나머지 지역에도 3, 4성급 숙박시설이 포진되어 있다. 최근 이스라엘에 문을 연 대형 국제 호텔 체인으로는 예루살렘의 발도르프-아스토리아와 텔아비브의 리츠칼튼을 꼽을 수 있다.

좀 더 저렴한 비용으로 전국을 돌아보고 싶다면 이스라엘판 민박집 '짐메르zimmer'에서 묵어보라. 전국 각지에 자리한 짐메르는 기본적인 편의시설이 갖춰진 일반 오두막부터 전용 수영장까지 딸린 고급 통나무집까지 다양한 숙박시설을 자랑한다. 종종 신선한 지역 농산물로 만든 조식이 제공되곤 한다.

【예루살렘】

해안 평야에 위치한 도시들보다 덜 습한 예루살렘에는 청량한 산 공기가 감돌고 투명한 빛이 내리쬔다. 이곳에서는 벌꿀색의 석회암 구조물들이 유리와 철골로 지은 건물들과 어깨를 나란히 한다. 고층의 사무실 건물, 호텔, 아파트가 좁은 길과 오래된 동네의 작은 광장 그리고 잎이 무성한 나무들이 늘어선 새

로운 동네의 거리 위로 솟아 있다. 유대교 회당과 모스크, 교회들이 식당, 영화관, 극장, 쇼핑몰 등과 인접해 있으며, 고대 우물과 터널 그리고 성지에서 몇 분 거리에 축구와 야구 경기장, 주차장, 주유소 등이 있다. 예루살렘의 여름에는 낮이나 밤이나 야외 카페에 사람들이 넘쳐난다.

구시가지에는 전설적인 유대교와 기독교 그리고 이슬람교의 성지들이 자리하고 있다. 통곡의 벽, 올리브산, 동정녀 마리아 무덤, 성묘 교회, 바위 돔, 알아크사 사원 등이 위치해 있다. 순례자들은 그리스도의 발자취를 따라 '십자가의 길'을 걷

는다. 성벽을 따라 걷다가 시장과 이슬람교도 지구, 기독교도 지구, 아르메니아인 지구, 유대인 지구가 자리한 아주 오래된 길을 어슬렁거려 본다.

서예루살렘에서는 국회의사당 커피숍에서 커피 한 잔을 마시고 근처 이스라엘 박물관을 찾아가보자. 이곳에서는 현재 전시가 열리고 있을 뿐만 아니라 상설전시관과 빌리 로즈 조각 정원 그리고 사해문서를 소장하고 있는 '성서의 전당'이 있다. 인근에는 히브리 대학교의 기바트 람 캠퍼스가 있다. 현대적인 하다사 병원의 유대교 회당에서는 샤갈의 벽화를 볼 수

있고, 힌놈의 골짜기에 있는 술탄의 연못에서는 연주회를 감상

할 수 있다. 또한 구시가지 풍경을 바라보며 하스/셔오버 산책

로를 거닐 수도 있다.

예루살렘은 기억의 도시다. 통곡의 벽의 거대한 마름돌덩이

들은 헤롯의 두 번째 성전 버팀벽의 일부다(돌 틈에 쪽지를 밀어 넣

으며 소원을 빌 수 있다). 야드 바셈 박물관은 홀로코스트 때 희생

된 650만 명을 기린다. 깊고 열렬한 믿음의 도시 예루살렘은

기도와 묵상과 발견의 장소다.

시간이 좀 더 있다면 19세기에 구시가지 성벽 반대편에 건

설된 주택지로, 오늘날 여러 국내 시인, 작가, 예술가들이 살고

있는 예민 모쉐를 방문해도 좋다. 근처에 자리한 오스만 제국 시대의 철도역은 복원을 거쳐 제1역으로 재건되면서 오래된 선로를 따라 걷거나 자전거를 타는 등 문화와 요리, 오락의 중심지로 거듭나 사람들로 북적인다.

세례자 요한의 탄생지 엔 케렘은 하다사 메디컬센터 아래 계곡에 아늑히 자리한 멋진 마을로 사이프러스와 올리브 나무가 무성하고 곳곳에 교회와 수녀원, 미술관들이 흩어져 있다. 아부 고쉬는 예루살렘 서쪽 유대언덕에 자리한 기독교도 아랍인 마을이다. 이곳에는 십자군 시대 때 지어졌으며 음향 시설이 뛰어나 정기 연주회가 열리는 로마네스크 양식의 교회

가 있다. 근사한 아랍 식당들과 아름다운 풍광 덕분에 예루살
렘 사람들뿐만 아니라 텔아비브 사람들도 많이 찾는다.

　　예루살렘 사람들은 대체로 텔아비브 사람들과 달리 자발성
도 떨어지고 삶의 기쁨도 누리지 못해 옷차림뿐만 아니라 인
생관 또한 수수한 편이다.

【 텔아비브 야파 】

텔아비브는 때때로 '하얀 도시'로 불리는데, 이는 1920년대와
1930년대 독일의 손꼽히는 바우하우스학파 건축가들이 이스
라엘로 이주하면서 번성했던 바우하우스학파의 유산이기 때
문이다. 외벽에 순백색 치장 벽토를 칠하고 발코니 모양이 둥
글며, 계단통에 창이 달린 이들 건물 덕분에 텔아비브는 세계
에서 가장 큰 바우하우스 건물 집결지 중 한 곳이 되어 2003
년 유네스코 세계문화유산으로 지정되었다. 세월이 흐르면서
바우하우스 양식의 건물들은 회색 겉면이 벗겨지는 지경에 이
르렀지만 현재 당국에서 복원중에 있다. 바우하우스 양식의
건물들이 장관을 이루고 있는 곳을 보려면 텔아비브의 심장
레브 텔아이브를 가보라. 아울러 몬테피오리, 로스차일드 대
로, 그리고 아하드 하암 스트리트 또한 가볼 만하다.

다른 건축 영향은 르 코르뷔지에(스위스 태생의 프랑스 건축가)와 급증하는 주민들에게 주택을 제공해야 할 필요성에서 나왔다. 획일적이고 직사각형 모양에다 덧문이 달린 저렴하게 지은 2~4층짜리 노동자 아파트가 보기 흉하게 늘어서 있는데, 이들 단지는 현재 나무와 높다란 산울타리로 대부분 가려져 있다.

텔아비브 야파는 키 큰 초록 나무, 그늘진 대로, 해변, 공원(가장 큰 야르코 공원은 야르콘강 양안에 펼쳐져 있다), 활기 넘치는 거리, 북적이는 시장, 그리고 번쩍거리는 현대식 오피스 타워와 고층 아파트의 도시다.

텔아비브에서 가장 오래된 유대인 동네인 네베체덱에서 발걸음을 멈춰보라. 고급 부티크와 공예품 상점 그리고 작은 식당과 카페들이 줄지어 늘어선 샤바지 스트리트를 거닐어도 좋다. 그러다가 좁은 길과 안뜰을 둘러보고, 나홈 쿠트만 박물관과 수잔 델랄 센터로 들어가보라.

남쪽으로 좀 더 내려가 야파 방향으로 가다 보면 옛 텔아비브 야파 기차역을 세심하게 복원한 타차나가 나온다. 기차역사는 식당, 디자이너 의류점, 미술관 등이 들어선 대형 복합쇼핑몰로 바뀌었다. 상쾌한 해변 산책로는 정박지와 인상적인 국내외 호텔 단지를 지나 올드 야파의 도로와 골목길로 이어진다.

야파에서는 복원된 터키인 지구가 가볼 만하다. 또한 십자군 성벽, 자갈길, 오래된 항구가 있는 예술인 지구도 빼놓을 수 없다. 건축가에서 조각가로 변신한 프랭크 마이슬러는 금과 은, 백랍으로 만든 예술품을 전시하고 있다. 이색적인 일리아나 구어 박물관이나 호레이스 리히터 갤러리, 또는 알라딘 레스토랑의 테라스에서 경치를 감상해도 좋다. 또한 벼룩시장에서 값싸고 좋은 물건을 골라보는 재미도 쏠쏠하다.

한 시간 정도 여유가 있다면 야파에서 북쪽의 텔아비브항까지 이어진 보행자 전용 산책로를 따라 걸어도 좋다. 이 산책로는 시 경계를 넘어서 북쪽으로 헤르츨리야까지 이어지며 남

쪽으로는 야파에서 바트얌까지 뻗어 있다. 아니면 텔오펀 자전거 공유 프로그램을 이용해 밝은 초록색 자전거를 빌려 타고 도시를 돌아볼 수도 있다. 텔아비브는 관대하고 안전한 도시다. 따라서 여자들은 밤에도 어디서든 어느 시간대든 혼자 걸어 다닐 수 있다.

텔아비브에서는 새벽까지 여러 식당에서 식사를 할 수 있기 때문에 점심 시간은 탄력적으로 운영된다. 해변의 한 식당에서는 오후 5시까지 이 집의 유명한 샴페인 조식을 제공한다. 카페는 밤 늦은 시간까지 문을 열며 펍과 와인바는 마지막 손님이 나가면 문을 닫는다. 거침없고 떠들썩한 클럽들은 늦게까지 문을 여는데 도시도 덩달아 불야성을 이룬다. 유행의 첨단을 걷는 이들이 자주 찾는 거리와 텔아비브 산책로 그리고 야외 카페에는 자정이 지나서도 사람들로 붐빈다. 여름이면 해변에서 텔아비브의 젊은이들과 배낭여행객들이 모닥불 주위에 모여 먹고 노래하며 노느라 하루도 한산한 날이 없다. 그러다가 동이 트면서 마지막 술꾼이 집으로 돌아가면 은퇴자들이 새벽 운동을 나온다.

텔아비브 주민들은 지중해 연안 사람들답게 대체로 따뜻하고 상냥하며, 즉흥적이고 후회 없는 인생을 살고 싶어 한다. 그러나 운전할 때나 휴대전화로 통화할 때는 유독 배려가 없다.

【하이파】

하이파 시민들은 대체로 느긋하고 착실해서 건전하고 세속적인 가치관을 지니고 있으며 극단적인 언행을 하지 않는다. 역사적으로 온건한 노동당 지지자들인 이들은 모닝커피를 마실 때 제일 먼저 풍경을 바라보고 그런 다음 아침 신문을 들여다본다.

극장, 박물관, 영화관, 호텔, 쇼핑몰, 그리고 백사장이 있는 현대적인 항구도시 하이파는 주변 환경 덕분에 더욱 아름답게

느껴진다. 산비탈을 타고 올라가 카르멜산 산등성이까지 퍼져 있는 하이파는 사방으로 멋진 풍광을 자랑한다. 서쪽으로는 지중해 하이파만에 정박되어 있는 배들이 보이고, 맑은 날 북쪽으로는 해안선을 따라 고대 성벽 도시 아크레를 비롯해 레바논 국경까지 내다보이며, 남동쪽으로는 초록의 비옥한 이스르엘 평야가 눈에 들어온다.

하이파는 독특한 분위기에 따라 각각 세 지역으로 나뉜다. 도심 지역에서는 최근 몇 년 동안 재생사업이 진행됐다. 터키 시장을 비롯해 상당수의 오래된 해운 보관 창고들이 카페, 갤러리, 술집, 가게, 식당 등으로 바뀌면서 이 지역은 이제 예술가와 기업가, 학생들의 본거지로 거듭나 활기가 넘친다. 근처 벤 구리온 대로는 카페와 식당들이 즐비해 근사한 저녁 식사 장소가 되었다.

중간 지역인 하다르 하카르멜은 상업 및 문화의 중심지다. 상단에 자리한 카르멜 대부분은 주거지로 호텔과 쇼핑 지역까지 포함된다. 또한 이곳에는 이스라엘 북서쪽 거의 모든 곳에서도 보일 정도로 높은 구조물인 하이파 대학교가 자리하고 있으며 네베 샤아난에는 테크니온 캠퍼스가 들어서 있다. 꼭대기에 오르면 자연보호구역인 숲이 자리하고 있고 등산로와 자전거 도로가 조성되어 있으며 도시 전경이 펼쳐진다.

파노라마 로드를 따라 아찔하게 내려다보이는 바다와 저지대 도시, 항구와 만을 감상하며 드라이브하는 것도 좋다. 여유가 되면 2008년 유네스코 세계문화유산으로 지정된 바하이교 성전과 정원을 둘러보라(하루 입장 가능한 관광객 수가 제한되어 있으니 미리 예약해야 한다). 카르멜산 꼭대기에 올라 새로 조성된 바닷가 산책로 식당에서 점심으로 간단한 식사나 생선요리를 먹거나 근처 드루즈인 마을 달리아 엘 카르멜에서 중동 음식을 경험해보라.

하이파는 이스라엘에서 유일하게 토요일에도 대중교통이

운행되는 도시다. 물론 평소보다 승객 수용량은 줄어든다. 최근 하이파에 간선 급행버스체계 메트로닛이 개발되면서 버스를 타고 짧은 시간에 주요 관광명소나 해변, 도심을 편리하게 오갈 수 있게 되었다.

【에일라트】

현대적인 홍해의 휴양지 에일라트에서는 자줏빛 산자락 너머로 해돋이와 아카바만의 옥색 바다를 볼 수 있다. 아카바만에서는 겨울에도 수영과 일광욕을 할 수 있고 스노클도 즐길 수 있다. 여름에 덥고 겨울에는 따뜻한 에일라트에는 드넓게 펼쳐진 해변, 산호, 스쿠버다이빙, 오락시설, 그리고 독특한 수중 해양생물 관찰 공원이 있다.

【아크레(악코)】

하이파에서 북동쪽으로 20km쯤 떨어진 아크레는 성벽으로 둘러싸인 십자군 도시로 주민들 대부분이 아랍인이지만, 가까이에 유대인 지역도 있다. 아크레는 북적이는 중동풍 시장과 양념 시장, 생선 전문 식당, 고풍스러운 항구가 있는 그림 같은 도시다.

【나하리아】

이스라엘 최북단에 자리한 나하리아는 1930년대 중반 독일 이민자들이 세운 도시로 독일의 색채가 남아 있다. 가까이에는 레바논 접경지대 로슈 하니크라의 가파르고 흰 절벽이 자리하고 있다. 여행객들은 이곳에서 케이블카를 타고 바위와 작은 동굴들을 둘러볼 수 있다. 나하리아는 대로를 따라 바다가 넘실대고 마차들이 오가며 드넓은 해변이 펼쳐져 있어 신혼여행자들이 즐겨찾는 곳이기도 하다.

【나사렛】

이스라엘 평야를 내려다보고 있는 위치에 자리하고 있어 주민의 절반이 아랍계 이슬람교도이며, 나머지 절반은 아랍계 기독교도인 나사렛은 예수가 자란 마을로 유명하다. 이곳에는 40개가 넘는 교회, 성모영보대성당, 수녀원, 수도원, 모스크 등 종교 건물 외에도 활기 넘치는 시장이 있다. 2011년 복음의 길이 대중에게 개방되었는데, 여행자들은 60km에 달하는 이 길을 통해 나사렛에서 갈릴리 호수의 가버나움까지 예수의 발자취를 따라갈 수 있다.

【사페드】

갈릴리 지역의 언덕 꼭대기에 자리한 이 신비로운 도시에는 중세의 거리와 예술가 지구가 있다. 또한 사페드는 초정통파 유대교의 종교철학 연구 중심지이기도 하다. 더위를 피할 수 있다는 점 때문에 사페드는 이스라엘 노년층에게 인기 있는 여름 휴양지다.

【티베리아스】

해수면보다 213m 낮은 갈릴리 호수의 서안에 자리한 티베리아스는 한때 유대교의 학문 중심지였다. 18년에 건설된 이 도시에는 십자군 전쟁의 잔해가 흩어져 있고 해변이 펼쳐져 있으며 선창가에는 활기가 넘친다. 이곳은 성서적 전통이 풍부해 갈릴리 지역과 골란고원을 답사하는 이들에게 훌륭한 기지가 되어 준다.

부둣가 산책로에서는 갈릴리 호수 너머로 동쪽으로는 골란고원이, 북동쪽으로는 날씨만 맑으면 눈 덮인 헤르몬산 정상까지 보인다. 호숫가 온천이나 조금 떨어진 하맛 가데르에서는 온천욕을 즐길 수도 있다. 가버나움을 비롯해 예수가 설교하고 기적을 행한 성서 속 장소들을 찾아가도 좋다. 다양한 야생

생물이 살고 있는 훌라 자연보호구역과 옛 거리를 복원한 멋진 고지대 소도시 로시피나도 방문해볼 만하다. 인근에 자리한 키부츠 엔게브에서는 매년 음악 축제가 열린다.

【 카이사레아 】

아우구스투스 카이사르의 이름을 딴 카이사레아는 헤롯 왕의 대표작으로 꼽히는 항구도시이자 로마 속주 유대 지역의 수도였다. 복원된 로마 원형극장에는 5,000명이 들어갈 수 있어 여름이면 바다와 하늘을 배경으로 오페라와 음악회, 무용 공연 등이 펼쳐진다. 십자군 시대의 유적과 로마 수로교를 답사하거나 골프 클럽을 찾아 골프와 점심을 즐겨도 좋다.

【 사해와 마사다 】

대지구대의 일부로 해수면보다 408m나 낮은 사해는 지표상에서 가장 낮은 지점이다. 사해의 치유력, 진흙, 공기, 그리고 멋진 경치를 경험하려는 여행객들의 발길이 끊이지 않는다. 걸쭉하고 미네랄이 풍부한 바닷물에 둥둥 떠보기도 하고(가라앉지 않는다!), 온천에 몸을 담가 여독을 풀거나 진흙 목욕을 해보라.

　해안보다 396m나 높은 곳에 자리한 마사다에서는 헤롯 왕이 건설한 바위요새를 둘러보라. 케이블카가 있지만 건장한 이들은 여전히 걸어 올라가는 것을 선호한다. 특히 바다 위로 떠오르는 해돋이를 보기 위해서 말이다.

매년 마사다 오페라 축제가 열려 수만 명이 이곳을 찾는데, 마사다는 이스라엘의 오페라 제작사들에게 아름답고 극적인 무대를 제공해준다.

의료 및 응급치료

이스라엘의 의료 수준은 높고 의료 종사자들 또한 선진국 수준의 교육을 받은 이들이다. 전국에 현대식 종합병원과 전문병원 그리고 보건소로 이루어진 광범위한 병원망이 잘 갖춰져 있다. 1995년 통과된 국가건강보험법에 따라 이스라엘의 모든 국민은 입원을 비롯한 표준범위의 의료서비스를 받을 수 있다.

이스라엘의 적십자에 해당하는 마겐 다비드 아돔(다윗의 붉은 별)은 응급치료와 기타 서비스를 제공한다. 야드 사라는 필요한 이들에게 모든 종류의 의료장비를 대여해주는 자원봉사 단체다. 이 단체의 서비스를 이용하면서 여유가 되는 이들은 그렇지 못한 이들을 위해 해당 서비스를 계속 제공할 수 있도록 기부금을 납부하는 것이 관례다. 또한 높은 수준의 민간의료보험에 가입할 수도 있다. 민간의료보험 가입자들은 전국 어디서나 최고급 병원에서 진료를 받을 수 있다.

이스라엘을 방문하는 이들은 예방접종이나 면역접종을 받을 필요가 없을 것이다.

【 건강수칙 】

이스라엘에서는 햇볕을 잘 차단하고 물을 많이 마시는 것이 좋다. 수돗물은 안전하지만 대다수 이스라엘 사람들은 가능한 미네랄워터를 마신다. 길거리 음식은 대체로 안전한 편이지만 예민한 사람은 낯선 양념이 들어간 음식은 피하는 것이 좋다. 참고로 대다수 호텔에는 당직 의사가 있어 급할 때는 간단한 의료서비스를 받을 수 있다.

해안 평야 지역에서는 모기 때문에 고생할 수도 있다. 시장에 방충제나 방충장치 그리고 항히스타민제가 많으니 미리 준비하는 것이 좋다.

만약 심하게 다치거나 개에게 물리면(그럴 가능성은 별로 없지만) 병원이나 응급치료소를 방문해 항파상풍 주사를 맞아야 한다.

이스라엘의 병원 응급실과 응급치료소에서는 필요한 모든 사람들에게 응급서비스를 제공한다.

안전과 보안

이스라엘에서 여행객이 테러에 휘말릴 가능성은 희박하다. 평범하고 바쁜 일상이 이어질 뿐이다. 하지만 다른 많은 나라들에서 그렇듯 안전수칙을 지키는 것이 좋다.

공공장소에서 주인 없는 가방이나 꾸러미를 보면 모른 체하지 마라. 즉시 관계자나 보안요원에게 알려라. 더불어 자기 소지품을 잘 챙기는 것이 무엇보다 중요하다.

무허가 총기류나 무기류는 소지하지 말고, 쇼핑몰 입구, 영화관, 호텔, 식당 등의 장소에서 보안요원이 가방을 검사하거나 몸수색을 하면 협조하라.

여행 중에 경찰공병대가 정체불명의 물체를 폭파시키느라 도로를 일시적으로 봉쇄하더라도 조급해하지 말고 기다려라.

행동이나 복장이 의심스러운 사람을 발견하면 경찰이나 보안요원에게 알려라.

경찰, 버스기사, 보안요원의 지시를 즉시 그리고 두말없이 따라야 한다. 국경과 인접한 곳에서는 경계를 늦추지 말고 두 적대 지역 사이의 경계선을 넘을 때는 훨씬 더 조심해야 한다. 해가 지고 나서는 이들 지역에서 운전하지 않는 것이 바람직하다. 설령 군복을 입고 있는 이들이라 하더라도 히치하이커는 태워주지 마라.

이스라엘 사람들이 하는 대로 따라하고 어디로 갈지 무엇을 하면 안 되는지 그들에게 물어보는 것이 가장 좋은 방법이다.

08

비즈니스 현황

이스라엘 사람들은 일을 통해 만난 사이라도 좋은 인간관계로 발전시키는 것을 중요하다고 생각하기 때문에 집이나 식당으로 저녁 식사 초대를 할 가능성이 있다. 초대받았을 때 선물을 가져가는 문화, 종교 및 세속적 태도, 예의에 대해 배운 대로 처신하면 문제 없을 것이다.

기업 문화

【태도 변화】

건국 초기 사회주의 시절에 비즈니스라는 말은 금기어였다. 이스라엘 사람들은 주택과 식량, 생필품을 공급하기 위해 건물을 짓고 농사를 지으며 생활필수품을 제조할 예정이었다. 이스라엘 사람들은 사고 팔고 중개하고, 수익을 내고 수수료를 받는 일을 경멸어린 시선으로 바라봤다. 따라서 부동산 중개업자는 기생충 취급을 받았다. 당시에는 여행세도 있었다. 또한 이스라엘에 TV가 보급되었을 때 유색인과 백인이 구별되지 않

도록 모든 프로그램에서 색깔을 없애기도 했다.

세월이 흐르면서 이런 태도는 바뀌었다. 연달아 우파 정부
가 들어서고 많은 국영산업과 공공서비스가 민영화되었다(심지
어 요즘에는 키부츠를 둘러싸고도 민영화 이야기가 제기되고 있다). 또한 이
스라엘 사람들의 야망과 지략이 빛을 발하고 세계화의 영향을
받으면서 이스라엘은 더 넓은 세계로 나오게 되었다.

【비즈니스 복장】

이스라엘 비즈니스 업계에서는 옷차림을 중요하게 여긴다. 따
라서 좋은 첫인상을 심어주기 위해서는 격식을 갖춰 주최자에
게 진지한 의도와 존중을 표해야 한다. 나중에 주최자가 어떻
게 입었는지 잘 보고 따라하는 것이 좋다. 여성들이 비즈니스
를 목적으로 내방할 때는 단정한 복장을 갖춰야 한다. 노출이
심한 옷차림은 오해를 불러일으킬 수 있다.

모든 나라에서 그렇듯 옷차림은 직업에 따라 결정된다. 금
융가, 변호사, 회계사, 부동산 개발자, 그리고 호텔관리자는 최
고의 격식을 차려야 하는 직업군이므로 여름에도 양복과 넥
타이를 갖춰 입어야 한다. 산업 종사자와 서비스업 종사자는
좀 더 편안한 복장을 선호하는 편이다. 하지만 진정한 비격식

직업군은 첨단산업 종사자들이 아닐까 싶다.

이스라엘 사람들은 색깔에 맞게 제대로 맞춰 입지 못하는 것을 단박에 알아챈다. 특히 사람들의 신발 상태를 귀신같이 알아본다. 얼마 전까지만 해도 이스라엘 사람들은 업무회의에 샌들을 신고 참석했다. 하지만 좋은 인상을 주기 위해서는 완벽한 상태의 단정한 신발을 신어야 한다.

의전과 프레젠테이션

이스라엘 사람들은 아주 다양한 배경을 지니고 있기 때문에 사업방식을 예측하기가 어렵다. 그러나 업무관계로 만나게 될 사람들은 대부분 영국이나 미국의 방식을 따를 것이다. 이스라엘 사람들은 뭐든 열심히 배우는 스타일이라 직접 출장을 다니면서 시의 적절하게 처신할 것이다.

【 명함 】

이스라엘 직장인들은 2개 국어로 된 명함을 가지고 다니거나 히브리어로 된 명함과 영어나 다른 언어로 된 명함을 각각 따로 만들어 갖고 다니는 편이다. 방문자는 영어로 된 명함만으로도 충분할 것이다.

【회의】

방문자와 이스라엘인이 다른 공통 언어로 의사소통하는 것이 아니라면 협상은 대체로 영어로 진행될 것이다. 프레젠테이션도 영어로 진행되며 계약서는 영어나 히브리어로 작성될 것이다. 다만 히브리어로 작성할 때는 공인 영어 번역본을 반드시 첨부해야 한다. 이스라엘에서는 최첨단 프레젠테이션 기술을 모두 이용할 수 있다.

이스라엘 사람들은 다른 나라 사람들보다 신체접촉을 좋아하는 편이며, 상석에 앉기보다 방문자 옆에 앉을 가능성이 높

다. 이들은 다른 이의 공간을 침범하는 것을 전혀 눈치 채지 못할 때가 많다. 또한 누군가를 소개하는 일에는 서툰 편이다. 따라서 회의에 참석했는데 처음 보는 사람이 있으면 먼저 악수를 청하며 '샬롬'이라고 말하고 자신을 소개해도 전혀 결례가 아니다.

인간관계

이스라엘 사람들은 일을 통해 만난 사이라도 좋은 인간관계로 발전시키는 것을 중요하게 생각하기 때문에 집이나 식당으로 저녁 식사 초대를 할 가능성이 있다. 초대받았을 때 선물을 가져가는 문화, 종교 및 세속적 태도, 예의에 대해 앞서 배운 대로 처신하면 문제 없을 것이다.

이런 자리에서는 영화, 책, 여행, 스포츠(특히 축구)처럼 논쟁할 필요가 없는 화제로 대화를 나누는 것이 좋다. 설령 자국민이 먼저 그런 태도를 취한다 하더라도 이방인은 이스라엘과 관련해 어떤 것도 비난하지 않는 것이 바람직하다. 맞장구조차 치지 마라. 대충 얼버무리고 빨리 화제를 바꾸는 것이 상책이다.

초대한 사람이 아랍계 이슬람교도라면 그 집에 들어가기 전에 신발을 벗어야 한다. 주인이 하는 대로 따라하는 것이 좋다. 또한 이슬람교도는 왼손을 불결하다고 여기기 때문에 음식을 먹을 때는 오른손을 사용해야 한다. 예를 들면, 피타 빵으로 공동접시에서 후무스를 뜰 때 왼손잡이더라도 꼭 오른손을 사용하라. 식사를 마칠 때 자기 앞에 음식을 조금 남겨 집주인에게 식사가 더없이 만족스러웠다는 것을 보여주는 것이 좋다.

협상방식

이스라엘 사람들의 협상방식은 굉장히 다양하기 때문에 한 가지로 일반화할 수 없다. 거래의 성격, 협상 당사자의 나이, 경험, 교육수준, 배경, 협상 당사자를 대표하는 기업의 규모와 명성, 그리고 협상 당사자의 기업 내 위치에 따라 협상방식이 달라진다. 그럼에도 불구하고 모두에게 공통된 요소는 있기 마련이다.

사실 이스라엘 사람들은 상거래에서도 좋은 인간관계를 중요하게 생각한다. 솔직하고 단순명쾌하며 좋은 인상을 주고 싶어 하는 태도에서 이런 성향이 분명하게 드러난다. 이들은 신뢰를 쌓고 친밀한 관계를 형성하는 것이 장기적으로 이득임을 잘 알고 있다. 또한 사업상 거래를 시작하고 유지할 때도 큰 위험을 감수한다.

이스라엘인 협상자는 품위 있고 친절할 것이다. 물론 이들이 생각하는 친절이 외국인이 알고 있는 친절과 늘 일치하는 것은 아니다. 이들은 기본적인 생존본능에 따라 주도권을 잡기 위해 다소 지나칠 정도로 자신감을 드러내는 전략을 쓸지도 모른다.

회의 중 외부 전화를 받는지 안 받는지, 사업상 만나게 된 손님을 점심 식사 자리나 집으로 초대하는지 안 하는지, 일반적 성격의 도움을 주는지 그렇지 않은지는 앞서 말한 요인들에 의해 결정될 것이다. 하지만 제아무리 타협하지 않고 자신만만한 이스라엘 사람이라 하더라도 자기도 모르게 결례를 범하는 것이지 고의는 아닐 것이다.

계약과 이행

이스라엘에도 영국의 계약법이 수정을 거쳐 적용되긴 하지만,

이스라엘 사람들은 법적 구속력이 있는 구두합의를 포함해 구두약속보다 서면계약을 더 진지하게 받아들이는 편이다. 이스라엘에서는 토지와 부동산을 매입하고 매도할 때처럼 특정 거래에서는 반드시 서면계약을 해야 한다. 전통에 따라 악수를 여전히 신성하게 여기는 다이아몬드 산업만은 예외다.

이와 같이 구두합의를 신뢰하지 않는 이유 중 하나는 세금과 관료적 문제 같은 미지수들이 거래의 성격을 바꾸고 이행에 걸림돌로 작용할 수도 있다는 공통된 경험 때문이다. 아울러 이스라엘 법원은 업무가 과중해서 소송을 하면 공판까지 꽤 오랜 시간이 걸리기 때문에 주장을 뒷받침할 만한 서면증거가 없으면 승소할 확률이 아주 낮다. 상당한 액수의 손해배상 청구와 관련된 분쟁을 비롯한 대부분의 분쟁은 중재를 통해 해결된다. 또한 절차가 덜 까다롭고 해결과정도 빠르고 간소한 소액사건 심판도 있다.

일반적으로 이스라엘 사업가들은 성실하게 행동하고 숨은 의도가 없으며 반드시 계약의무를 지킨다. 이들은 도중에 문제가 생기면 인간관계가 그런 난관을 극복하는 데 도움이 될 것이라고 믿는 편이다.

직장 여성

이스라엘에도 여성 노동인구는 많지만 꾸준히 경력을 이어가는 여성들은 극히 드물다. 그러나 헌신적으로 경력을 쌓은 여성들 가운데 상당수는 비즈니스계와 전문직에서 고위직에 올라 있다. 세계에서 가장 부유한 상속녀 중 한 명도 이스라엘 여성이다. 어떤 이스라엘 여성은 거대한 화장품 기업을 세웠고, 또 다른 여성은 세계적인 수영복 회사를 세웠다. 패션계, 식품생산업, 보험업, 금융업, 그리고 예술계와 연예계를 주름잡는 여성들 또한 많다.

비즈니스를 이유로 이스라엘을 찾았을 때 상대가 이스라엘인 여성이라면 철저히 직업적인 관계로 대해야 한다. 물론 문을 열어주는 등의 일반적인 친절은 대부분 감사하게 받아들일 테지만 말이다.

09

의사소통

유대인들은 십계명의 원어였던 히브리어를 수 세기 동안 문어와 전례어로 계속해서 사용했다. 그러다 중세 때 아슈케나지와 세파르디들이 히브리어를 다르게 발음하기 시작했다. 19세기 말 유럽에서 계몽운동이 일어나면서 히브리어는 세속 언어로 부활했다. 이어 시오니즘이 부상하면서 히브리어가 이스라엘의 공식 언어로 채택되었다.

ומצותיו אשר אנכי מצוך אתה ובנך ובן בנך
כל ימי חייך ולמען יארכן ימיך ושמעת
ישראל ושמרת לעשות אשר ייטב לך ואשר
תרבון מאד כאשר דבר יהוה אלהי אבתיך
לך ארץ זבת חלב ודבש
שמע ישראל יהוה אלהינו יהוה אחד
ואהבת את יהוה אלהיך בכל לבבך ובכל נפשך
ובכל מאדך והיו הדברים האלה אשר אנכי מצוך
היום על לבבך ושננתם לבניך ודברת בם בשבתך
בביתך ובלכתך בדרך ובשכבך ובקומך וקשרתם
לאות על ידך והיו לטטפת בין עיניך וכתבתם
על מזזות ביתך ובשעריך   והיה
כי יביאך יהוה אלהיך אל הארץ אשר נשבע
לאבתיך לאברהם ליצחק וליעקב לתת לך
ערים גדלת וטבת אשר לא בנית ובתים מלאים
כל טוב אשר לא מלאת וברת חצובים אשר
לא חצבת כרמים וזיתים אשר לא נטעת
ואכלת ושבעת השמר לך פן תשכח את יהוה
אשר הוציאך מארץ מצרים מבית עבדים את
יהוה אלהיך תירא ואתו תעבד ובשמו תשבע לא
תלכון אחרי אלהים אחרים מאלהי העמים אשר
סביבותיכם כי אל קנא יהוה אלהיך בקרבך
פן יחרה אף יהוה אלהיך בך והשמידך מעל
פני האדמה
אלהיכם כאשר נסיתם במסה כמור תשמרון
את מצות יהוה אלהיכם ועדתיו אשר צור

언어

히브리어는 고대 언어로 셈어 계통이다. 유대인들은 십계명의 원어였던 히브리어를 수 세기 동안 문어와 전례어로 계속해서

사용했다. 그러다 중세 때 아슈케나지Ashkenaz(히브리어로 '독일'을 의미하며, 중세 때 아슈케나지는 '독일 유대인'을 일컬었다)와 세파르디Sepharad(히브리어로 '스페인'을 뜻하며, 세파

르디는 스페인·포르투갈계 유대인을 의미한다)들이 히브리어를 다르게 발음하기 시작했다.

19세기 말 유럽에서 계몽운동이 일어나면서 히브리어는 세속 언어로 부활했다. 이어 시오니즘이 부상하면서 히브리어가 이스라엘의 공식 언어로 채택되었고, 현재 이스라엘에서는 수정된 세파르디 말투의 히브리어를 쓰고 있다.

히브리어 알파벳은 오른쪽에서 왼쪽으로 쓰고 일반 용도로는 자음만 쓴다(모음 구두점이 존재하지만 그 의미를 잘 이해해야 한다). 그렇다고 걱정할 필요는 없다. 여러 식당의 메뉴판뿐만 아니라

중요 표지판이나 안내문은 대부분 영어로 표기하기 때문이다.

이스라엘의 제2공식어는 아랍어다. 히브리어를 가장 많이
쓰지만 아랍계 학교, 무슬림 종교법원, 그리고 도시 간 노선표
지판에는 아랍어가 사용된다. 이스라엘 학교에서는 아랍어를
구어보다 문어로 가르치기 때문에 학생들은 졸업하면 곧바로
잊어버린다.

또한 학교에서 영어를 가르치기 때문에 영어도 널리 쓰인다.
비즈니스계, 전문 직종, 학계, 정부 등의 고위 인사들은 거의 대
부분 영어로 소통이 가능하다. 1990년대부터 러시아어가 중요

해지면서 상업분야에서는 러시아어가 자주 사용되고 있다.

이스라엘 유대인의 50% 이상이 이스라엘 태생이지만 부모와 조부모 세대는 100개국이 넘는 다양한 나라에서 이주해왔기 때문에 약 85개에 달하는 서로 다른 언어와 방언을 사용했다. 아직도 에티오피아 언어인 암하라어를 비롯해 독일어, 이디시어, 프랑스어, 스페인어, 폴란드어, 루마니아어, 헝가리어 등 유대인들이 이스라엘에 정착하기 전에 살았던 나라의 언어를 들을 수 있다. 현재 이스라엘에는 각각 다른 언어의 방송이 12개나 된다.

여행객들이 가장 빨리 배우는 히브리어는 '평화'를 뜻하는 말로 만날 때나 헤어질 때 건네는 인사말인 '샬롬'이다. 그 외에도 이방인이 빨리 익히게 될 말들로는 후츠파(뻔뻔스럽게!), 다프카(그럼에도 불구하고), 베바카샤(제발 ~해주세요), 토다(고맙습니다), 베세데르(괜찮아요), 베타(물론), 비듀크(바로 그거예요), 켄(네), 로(아니오), 보케르 토브(아침 인사), 에레브 토브(저녁 인사), 라일라 토브(밤 인사), 마 슐롬카(남자에게 '안녕하세요'), 마 슐로메크(여자에게 '안녕하세요'), 슬리카(실례합니다), 카마 제 올레?(이것은 얼마입니까?), 발라간(엉망진창, 실제로는 러시아 말), 마잘 토브(축하합니다) 등이 있다.

몸짓 언어

손으로 말하고, 팔을 흔들고, 악수하거나 껴안고, 뽀뽀하고, 등을 토닥이거나 팔을 건드리고, 보란 듯이 외설스럽게 손짓하고 (딱 보면 알 것이다), 아주 바싹 붙어 서거나 안고 비집고 들어오고, 어깨를 으쓱하는 것 등의 몸짓 언어가 이스라엘 사회에서는 널리 통용된다. 이는 방어적인 태도를 취하지 않는 이스라엘 사람들의 성향 때문이다.

대중매체

【 텔레비전 】

이스라엘에는 KAN으로 불리는 이스라엘 방송이 운영하는 국영 채널이 2개 있다. 주요 채널인 KAN 11은 뉴스와 시사 그리고 문화 프로그램을 방송한다. MAKAN 33은 뉴스와 문화적 사안을 아랍어로 방송한다. 2018년 8월부터 이스라엘 교육방송은 이스라엘 방송에 통합되어 어린이 및 청소년 전용 채널로 운영한다. 히브리어 상업 채널은 3개로 Keshet, Reshet, 그리고 Channel 10이다. 1시간짜리 히브리어 뉴스 프로그램이 매일 저녁 KAN 11(채널 11번), Keshet(채널 12번), Reshet(채널 13번), 그리고 Channel 10(채널 14번)에서 저녁 8시에 방송된다.

모든 채널에서 시트콤, 연속극, 국내 및 해외영화, 시사, 스포츠(축구, 농구 등의 생중계를 포함해), 뉴스 논평, 정치, 음악, 요리, 여행, 패션, 문화 및 사회문제 특집 프로그램, 어린이 프로그램, 신규 이민자를 위한 프로그램, 그리고 기타 수많은 프로그램이 방송된다.

인기 있는 토론 프로그램 주제는 종교, 생활양식, 성, 문화

이슈, 그리고 무엇보다도 가장 중요한 정치다. 이들 프로그램 중 일부, 그중에서도 특히 정치 토론 프로그램은 참가자들이 상대와 사회자의 말을 끊고 들어와 모두가 동시에 말하는 통에 엉망진창으로 끝난다.

i24news는 야파항에 본부를 둔 텔레비전 채널로 24시간 동안 전 세계의 뉴스와 시사문제 등을 방송한다. 영어, 프랑스어, 아랍어로 방송되는 이 채널은 인터넷에서도 라이브로 볼 수 있다. 이 채널의 목적은 이스라엘에서 일어나고 있는 일들에 대해 전 세계 시청자들에게 균형 잡힌 설명을 해주려는 것이다.

이스라엘 국민의 거의 75%가 HOT 케이블 회사 아니면 YES 위성 회사가 전송하는 다중채널 텔레비전에 가입되어 있다. 이들 두 회사는 CNN, BBC World, Sky News뿐만 아니라 러시아어 채널과 아랍어 채널 그리고 다른 언어로 제작되는 다수의 연예 프로그램을 방송한다. 채널 개수는 공급사에 따라 다르다.

【라디오】

다양한 라디오 채널이 정시에 뉴스를 방송한다. 영어와 다른 언어로 국내 뉴스를 전달하고, 생방송을 포함해 시사, 스포츠,

24시간 뉴스 보도, 교통정보, 음악(이스라엘의 주류 대중음악과 중동 대중음악 그리고 클래식)을 들려준다.

TLV1은 텔아비브에서 전하는 영어 인터넷 라디오 방송이다. 영어로 진행되는 텔레비전 및 라디오 방송에 대한 상세한 정보는 영자신문에서 찾아볼 수 있다.

【 신문과 잡지 】

자유언론은 이스라엘의 민주주의를 구성하는 핵심 요소다. 따라서 언론은 어떤 것도 신성시하지 않는다. 이스라엘에서는 7개의 히브리어 일간지와 2개의 영자신문이 발행된다. 5대 히브리어 일간지로는 〈예디오스 아로노스Yedioth Ahronoth〉, 〈마리브Maariv〉, 〈하아레츠Haaretz〉, 〈이스라엘 하욤Yisrael Hayom〉(2007년에 발행된 무료 일간지), 〈글로브스Globes〉(이스라엘판 〈파이낸셜 타임스〉) 등이 있다. 〈마리브〉를 제외하고 모든 신문은 히브리어와 영어로 인터넷에 게재된다. 〈예디오스 아로노스〉의 인터넷 사이트는 〈와이넷Ynet〉으로 불리며, 2개의 영어 일간지는 〈예루살렘 포스트Jerusalem Post〉와 〈하아레츠〉의 영어판이다. 미국, 영국, 독일, 프랑스, 이탈리아 그리고 다른 서유럽 나라들의 대표적인 일간지 또한 발행 당일이나 다음 날이면 받아볼 수 있다.

생활양식, 패션, 요리, 여행, 경제, 군대, 인터넷, 스포츠, 컴퓨터, 자동차, 연예 등을 다루는 히브리어 고급 잡지들도 아주 많다. 또한 러시아어 잡지도 있다. 영어 사용자들이 읽을 만한 잡지로는 다양한 국제 잡지 외에도 주간지 〈예루살렘 포스트〉와 하아레츠가 발행하는 생활 잡지 〈더 예루살렘 리포트〉 그리고 영어 상용자 단체들이 발행하는 잡지 등이 있다.

〈더 타임스 오브 이스라엘〉은 2012년 예루살렘에서 창간된 온라인 신문이다. 그 외에도 특별한 관심사에 부응하는 인터넷판 잡지들이 수없이 많다.

전화와 인터넷: 온라인 국가

1985년까지 정부 부처가 소유하고 운영했던 이스라엘의 전화 통신망은 국민의 요구를 충족시켜줄 수 없었다. 1980년경 전화선 설치 대기자 수가 20만 8,000명에 달했다. 국내 및 국제 통화료는 터무니없이 비쌌고 새로운 선을 설치하거나 기존의 선을 수리하려면 엄청나게 오래 걸렸다.

1985년 국영 통신사 베제크가 정부로부터 인계받아 전화 통신망 사업을 책임지게 되었다. 이후 1991년 이 회사는 텔아비브 증권거래소에 상장되었고 정부는 이 회사 지분의 13.8%를 매도했다. 1990년대에는 민간부문 회사들의 휴대전화 및 국제전화서비스 시장 진출이 허용되었다. 경쟁이 치열해지면서 통신서비스가 크게 개선되었고 휴대전화 요금과 국제통화 요금이 세계에서 가장 낮은 수준까지 떨어졌다. 전화선을 설치하기 위해 오래 기다리는 일은 옛말이 되었고 이스라엘에서는 이제 여러 혁신적인 서비스가 개발되고 있다.

이스라엘의 공식 전화번호부 『옐로페이지』에는 히브리어로 가입자 전화번호와 광고가 함께 인쇄되어 있다. 아울러 각각 다른 우편구역용으로 영어판 전화번호부도 있다.

수많은 회사들이 휴대전화 시장에서 서비스를 제공하고 있다. 이스라엘 사람들의 약 98%가 휴대전화를 소유하고 있어 1인당 보유율이 세계에서 가장 높은 수준이다. 2019년 퓨 리서치에서 실시한 조사에 따르면 이스라엘 국민의 88%가 스마트폰을 보유하고 있는 것으로 나타났다. 또한 구글의 조사에 따르면 이스라엘 사람들은 휴대전화를 자주 사용할뿐더러 집이나 직장 또는 길을 걸을 때처럼 다양한 환경에서 사용하며, 50% 이상이 친목모임이나 친교 자리에서도 휴대전화를 아무 문제없이 사용하고 있는 것으로 나타났다.

이스라엘 사람들은 거리낌 없이 휴대전화 번호를 알려주므로 전화를 걸면 언제든 받을 것이다. "이스라엘 사람들은 서로 이야기하는 걸 좋아한다"는 표어가 나오는 어느 성공한 텔레비전 광고를 보면 한 무리의 친구들이 발코니에 나란히 서서 각자 자신의 휴대전화로 통화를 하느라 여념이 없다. 많은 나라에서는 마주 앉아 대화를 나누다가 휴대전화를 받기 위해 대화를 끊으면 무례하게 보일지 모르지만, 이스라엘에서는 아주 정상적인 일로 특별히 예의 없는 행동으로 보지 않는다.

다른 나라보다 2년이나 늦은 2009년에야 스마트폰이 이스라엘 시장에 들어왔음에도 불구하고 스마트폰 사용률은 이스라엘이 꽤 높은 편이다.

2014년 구글과 입소스미디어시티$_{Ipsos\ MediaCT}$가 실시한 전 세계 스마트폰 사용에 관한 연구에 따르면, 이스라엘 국민의 93%가 스마트폰으로 인터넷 검색을 하고 80%가 스마트폰을 이용해 SNS를 업데이트하거나 어플과 지도를 사용한다. 또한 77%가 스마트폰을 이용해 유튜브와 비디오 클립을 보고 48%가 TV프로그램을 시청한다.

우편제도

우편업무는 1987년 정보통신부에서 우체국 소관으로 넘어갔다. 이후 10년 동안 우편서비스가 개선되면서 이스라엘과 해외에서 배달되는 우편물의 수가 70%나 증가했지만 배달시간은 매일 5시간 걸리던 것이 1~2시간으로 줄어들었으며, 메신저서비스와 안전배달서비스를 정착시켰다. 1987년 2만 건이던 연간 빠른우편물의 수가 2000년대 초반에는 300만 건 이상으로 증가했다.

하지만 여기에는 주의해야 할 사항이 있다. 우편물이 너무 커서 우편함에 들어가지 않으면 우체국으로 다시 가져가기 때문에 당사자가 우체국으로 가서 직접 찾아와야 한다. 일정 기간 내에 찾아가지 않으면 발송한 사람에게 되돌려 보내기 때문이다. 한편 과거에는 퉁명스럽고 비협조적이던 우체국 직원들이 요즘에는 붉은색과 흰색의 멋진 우체국 이미지와 걸맞게 전반적으로 친절해졌으며 전문적인 서비스를 제공하고 있다. 고객들도 이제는 질서 있게 줄을 서서 자기 차례를 기다린다.

참고로 이스라엘의 집배원은 유니폼을 입지 않는다.

결론

지금까지 개략적으로 설명하다 보니 여러 차례 일반화를 범할 수밖에 없었다. 이스라엘처럼 다채로운 나라의 이야기를 글로 담으려면 어쩔 수 없는 결과인지도 모르겠다. 하지만 이 나라와 관련된 사실들은 경이롭다. 약 75년 만에 이스라엘은 60만 명이 채 안 되는 유대인들이 사는 좁은 땅에서 약 700만 명이 넘는 유대인들과 공직의 모든 영역에 참여하고 있는 다양한 비유대인들의 나라로 성장했다. 이민자의 나라인 이스라엘은 전 세계 사람들을 받아들였다. 어떤 이들은 물밀 듯이 단체로 왔고 또 다른 이들은 하나 둘씩 띄엄띄엄 들어왔다. 초창기 이민자들은 대부분 유럽이나 북아프리카 또는 중동에서 박해를 받아 몸과 마음에 상처를 입은 상태였다.

농업기반 국가로서 경제가 침체되어 있었던 이스라엘은 첨단산업을 중심으로 발전을 거듭하였고 혁신적인 제품과 서비스를 개발해 그 분야 최고로 우뚝 섰다. 전쟁과 끊임없는 안보 위협에 맞서 조국을 지켜내는 동안 이스라엘 방위군은 천하무적의 전투력을 갖추게 되었고, '국민의 군대'라는 자부심을 새기게 되었다. 이스라엘은 거의 모든 영역에서 선진국에 버금가는 사회기반시설을 갖추었다. 최근 몇 년간 정치적으로나 사회적으로 대립하는 양상이 뚜렷해졌다. 하지만 이스라엘의 민주 제도는 여전히 가장 진보한 수준에 있으며 이러한 제도가 야심적인 정치가들과 인기영합주의자들의 변덕을 그 어느 때보다도 비판적으로 견제하고 있다. 또한 더욱 광범위한 지역에서 힘의 균형에 엄청난 변화가 일어나 오랜 위협이 새로운 의미를 띠게 되면서 이스라엘은 자국의 정치적 위상과 안보 입지를 개선시키기 위해 능숙한 정치력을 발휘해야 할 것이다.

이러한 사실들만 놓고 보면 비즈니스 관련 출장이나 다른 특별한 목적 외에 이스라엘을 방문할 의향이 생기지는 않을 수도 있다. 하지만 이스라엘의 도시들, 역사 · 종교적 명소, 풍성한 문화생활, 전원 지역, 해변, 바다, 거의 일 년 내내 비치는 햇살, 마지막으로 이스라엘 사람들이야말로 더없이 흥미롭다. 이스라엘에는 짧은 역사에도 아주 많은 변화와 발전을 이뤄낸 에너지와 용기, 지성과 기지 외에도 솔직함과 자연스러움, 억누를 수 없는 삶에 대한 열정이 가득해 가는 곳마다 유쾌하고 가슴 뛰는 경험을 하게 될 것이다.

참고문헌

Avner, Yehuda. *The Prime Ministers.* Israel: The Toby Press, 2010

Bar Zohar, Michael. *Ben Gurion.* New York: Delcorte, 1978; Israel: Magal Books, updated 2003.

Bellow, Saul. *To Jerusalem and Back.* New York: Secker & Warburg, 1976.

Elon, Amos. *The Israeli Founders and Sons.* London: Weidenfeld & Nicolson, 1971.

Herzog, Haim and Shlomo Gazit. *The Arab–Israeli Wars: War and Peace in the Middle East.* New York: Vintage (Random House), 2005.

Klein Halevi, Yossi. *Like Dreamers: The Story of the Israeli Paratroopers Who Reunited Jerusalem and Divided a Nation.* New York: Harper, 2013.

Koestler, Arthur. *Thieves in the Night: Chronicle of an Experiment.* London: Macmillan, 1946.

Ottolenghi, Yotam, and Sami Tamimi. *Jerusalem.* London: Ebury Press, 2012.

Rosenthal, Donna. *The Israelis. Ordinary People in an Extraordinary Land.* New York: Free Press/Simon & Schuster, 2005

Rothenberg, Naftali. *Jewish Identity in Modern Israel.* Jerusalem: Urim Publications, 2002

Rubinstein, Amnon. *The Zionist Dream Revisited.* New York: Schocken Books, 1984.

Shavit, Ari. *My Promised Land: The Triumph and Tragedy of Israel.* New York: Spiegel & Grau (Random House), 2013; Scribe Publications: London, 2013.

Shimshoni, Daniel. *Israel Democracy.* New York: Free Press, 1982.

In-Flight Hebrew. NewYork: Living Language, 2001.

다른 이스라엘 작가로는 아모스 오즈(Harcourt), 데이비드 그로스만(Farrar, Strauss & Giraux), 메이어 샬레브(Harper Collins) 등이 있다.

유용한 웹사이트

www.goisrael.com

www.touristisrael.com

www.eluna.com 이스라엘 전역에서 유대교 율법에 따라 만든 요리를 제공하는 식당 리스트와 할인쿠폰

www.zimmeril.com 많은 키부츠 호텔과 게스트하우스, 다른 시골 민박 리스트

www.chamber.org.il/english 이스라엘 상공회의소

www.export.gov.il/eng 이스라엘 수출 및 국제협력협회

지은이

제프리 게리

제프리 게리는 1960년대 초 이스라엘로 이주한 남아프리카 태생의 바리스타다. 이스라엘에 살면서 온갖 희노애락을 겪은 그는 이스라엘 국적의 세 아들을 길렀고 여행업계와 광고업계에서 두루 일했다. 몇 권의 소설도 집필했는데, 그중 『오 헨리(Oh Henry)』와 『더 트러블 위드 프란시스(The Trouble With Francis)』는 이스라엘 이민을 주제로 한 작품이다. 애석하게도 제프리는 2013년 세상을 떠났다.

메리언 르보

메리언 르보는 런던에서 태어나 학교를 다닌 언론인이자 영화제작자이며 교사다. 런던대학 퀸 메리 칼리지에서 역사학으로 학사학위를 취득한 메리언은 1994년 어린 아이들을 데리고 이스라엘로 이주했다. 그녀는 이스라엘과 해외에서 영어로 발행되는 다양한 간행물에 이스라엘 관련 주제의 글을 기고한다. 「가디언」과 영미계 유대인 신문들에도 글을 실었다. 메리언은 현재 온라인 잡지 등의 의뢰를 받아 이스라엘의 다양성과 문화를 조명하는 단편 극영화를 제작하고 있다.

옮긴이

이정아

숭실대학교 영어영문학과를 졸업하고, 동대학원에서 영어영문학과 석사과정을 마쳤다. 현재 번역에이전시 엔터스코리아에서 출판기획자 및 전문번역가로 활동 중이다. 옮긴 책으로는 『세계 문화 여행: 포르투갈』, 『세계 문화 여행: 멕시코』, 『서양 철학 산책』, 『촘스키의 아나키즘』, 『소크라테스와 유대인』, 『굿바이 화』, 『중세, 하늘을 디자인하다』 등 다수가 있다.

세계 문화 여행 시리즈